Hans Bernt • Dietlinde Selinger

Deutsch positiv!

Verfassen von TEXTEN

NEUE Rechtschreibung 2006

3. und 4. Klasse HS und AHS

Österreichischer Lehrplan

www.lernfit.at

ISBN 978-3-7074-0906-2
Schulbuchnummer 8294

In der neuen Rechtschreibung 2006

3. Auflage 2009

Zeichnungen: cÿb, Klaus Pitter (45, 63 65–68)
Umschlagfoto: © BVCD / fotolia
Fotos: AKG Photo, Berlin: 75(4), 76 o. re., 77o.re. – IMSI Guidelines, Photo and Font Image Usage: 76 o. li., 77 li. Mi. und u. li. – Mauritius. Die Bildagentur, Wien: 71 u. re., u. li., o. li., Mi. re. – ÖBV-Archiv, Wien: 36 re., 69, 73, 74, 76 Mi., 77 u. li., Mi. – Pictor international, Wien: 71 Mi. li., 76 u. (2), 77 u. re., o. li. – Pix Bildagentur, Wien: 71 o. re.
Printed in Europe

INHALT

In fremden Welten ... 6

Die Landung ... 7

Hans Bernt

Erzählen (Fantasie- und Erlebniserzählung) ... 9

Die Gliederung eines Textes ... 12

Stichwörter und Erzählkerne ... 15

Eine Einleitung ist nicht immer notwendig ... 21

Über die Bedeutung der Anführungszeichen ... 23

Dietlinde Selinger

Berichten (Über Ereignisse berichten: in der Zeitung und in der Ichform) ... 26

Vom Beschreiben zum Erklären ... 34

Beschreiben eines Gegenstandes ... 34

Beschreiben eines Tieres oder einer Pflanze ... 37

Beschreiben des Verhaltens eines Tieres ... 39

Beschreiben eines Vorgangs ... 41

Erklären: Rezept und Anleitung ... 42

Beschreiben einer Person ... 44

Vom Beschreiben zum Charakterisieren ... 47

Über Figuren in Balladen und Dramen schreiben ... 51

Hans Bernt

Schildern ... 59

Die Bildgeschichte ... 62

Bildbeschreibung und Bilddeutung ... 69

Die Nacherzählung ... 78

Die Inhaltsangabe ... 84

Dietlinde Selinger

Argumentieren/Erklären 91
Begriffe erläutern 91
Leitwörter heraussuchen 93
Zusammenhänge und Sachverhalte erklären 95
Das Erklären von Texten mit persönlicher Meinungsbildung 97
Das Erklären von Sprichwörtern und Sprüchen 105
Erörtern ohne Textvorlagen 108
Begründen und Bewerten 114

Hans Bernt

Schriftverkehr 118
Der persönliche Brief 118
Der Geschäftsbrief 125
Das Bewerbungsschreiben 128

ZEICHENERKLÄRUNG

.... bedeutet,
dass du die Lösung der betreffenden Übung im Lösungsheft findest.

.... bedeutet:
„Aktion!“ – Führe die Übung schriftlich aus!

.... bedeutet,
dass du dir den Satz/die Sätze gut merken sollst.

IN FREMDEN WELTEN

Laut unserer Zeitrechnung schreiben wir das Jahr 3500. In den wichtigsten Zentren der einzelnen Sonnensysteme ist man nach einer Reihe intergalaktischer Feste zum Alltag zurückgekehrt. Anlass für diese Feiern war die Wahl von Gulliver Allioth zum neuen Präsidenten der USO (United Space Organisation). Die USO ist als Zentralregierung aller derzeit bekannten Welten auf dem Planeten Wega stationiert.

Die Erde ist nur einer von vielen bewohnten Himmelskörpern. Mit Hilfe gewaltiger Raumfahrzeuge und der perfekten Beherrschung des Beamens in andere Dimensionen und Galaxien bereiten Gegenbesuche im All keine Probleme mehr. Im Rahmen eines ehrgeizigen Projektes der USO ist es vor etwa 1000 Jahren gelungen, beinahe jeden Planeten bewohnbar zu machen. Die Herstellung von künstlicher Atmosphäre ist für die Chemiekonzerne zu einem einträglichen Geschäft geworden. Mit Hilfe von Genveränderungen lernten sämtliche Wesen, die das All bevölkern, auf jedem Planeten und in jeder Atmosphäre zu atmen.

In den Hauptstädten der Galaxien tummelt sich ein buntes interplanetarisches Völkergemisch. Teilweise fantastisch anmutende Wesen treffen hier auf Gesandte des Planeten Erde, die ihr Aussehen von Generation zu Generation kaum verändert haben. Dazwischen bewegen sich wie selbstverständlich Roboter in den verschiedensten Entwicklungsstadien.

Vor 500 Jahren war die deutsche Sprache den damals neuesten interplanetarischen Erkenntnissen angepasst worden. Begonnen hatte dieses gewaltige Unternehmen auf dem Planeten Imperator C in der Galaxie M 33. Eigens konstruierte Sprachroboter waren durch das gesamte Universum gereist, um sämtliche Computer mit den aktuellen Daten unserer Muttersprache zu füttern. Inzwischen hat sie sich zur dominierenden Sprache des gesamten Universums entwickelt.

Um die Kreativität der Raumbewohner zu fördern, ließ die USO ein Übungsprogramm zur Herstellung von Texten erarbeiten. Auch diesmal sollen Sprachroboter die wichtigsten Aufgaben übernehmen. Sie wurden allerdings zuerst zur Erde gesandt, da sie als die Wiege der deutschen Sprache gilt. Irdische Aufsätze sollen in die Sprachstudios aller Galaxien übertragen werden.

Die Roboter haben den Auftrag sämtliche Archive zu durchstöbern. Sobald sie genügend Material gesammelt haben, werden sie mit ihrer Arbeit wieder auf Imperator C beginnen. Gulliver Allioth hat angeordnet, dass ihm monatlich über den Fortschritt des ehrgeizigen Projektes berichtet werden muss.

DIE LANDUNG

Die Sprachroboter sind mit einem fahrplanmäßigen Spacebus der „Trazom-Airways" im Zentrum des Weltraumbahnhofs Salzburg gelandet. Ein freundlich lächelnder Sprachwissenschaftler der örtlichen Universität geleitet sie zu einer Magnetschwebebahn, die sie lautlos durch unterirdische Gänge transportiert. In einer taghell erleuchteten Halle bleibt das Fahrzeug mit sanftem Schaukeln stehen. „Willkommen im modernsten Sprachlabor des gesamten Sternensystems", sagt der freundliche Sprachgelehrte und lässt seine stählernen Gäste aussteigen. Da Roboter keine Ruhepausen benötigen, möchten sie sofort mit ihrer Arbeit beginnen.

Ihr irdischer Führer drückt einen Knopf auf seiner Armbanduhr, worauf eine Reihe völlig gleich aussehender menschlicher Wesen in langen weißen Mänteln durch eine Tür tritt. Sie zeigen eine auffallende Ähnlichkeit mit dem Sprachgelehrten, wirken aber wesentlich jünger. „Meine Assistenten", stellt er die Neuankömmlinge vor. „Sie wurden aus eingefrorenen Zellen, die man mir vor Jahren entnommen hat, geklont. Alle meine Kolleginnen und Kollegen arbeiten mit Assistentinnen oder Assistenten, die aus ihren Zellen geklont wurden. Wir erreichen damit eine Art Unsterblichkeit." Die Roboter, die selbst einer wie der andere aussehen, zeigen sich von dieser Erklärung unbeeindruckt. Sie lassen sich ihre Computer zuweisen und beginnen mit unirdischer Geschwindigkeit zu arbeiten.

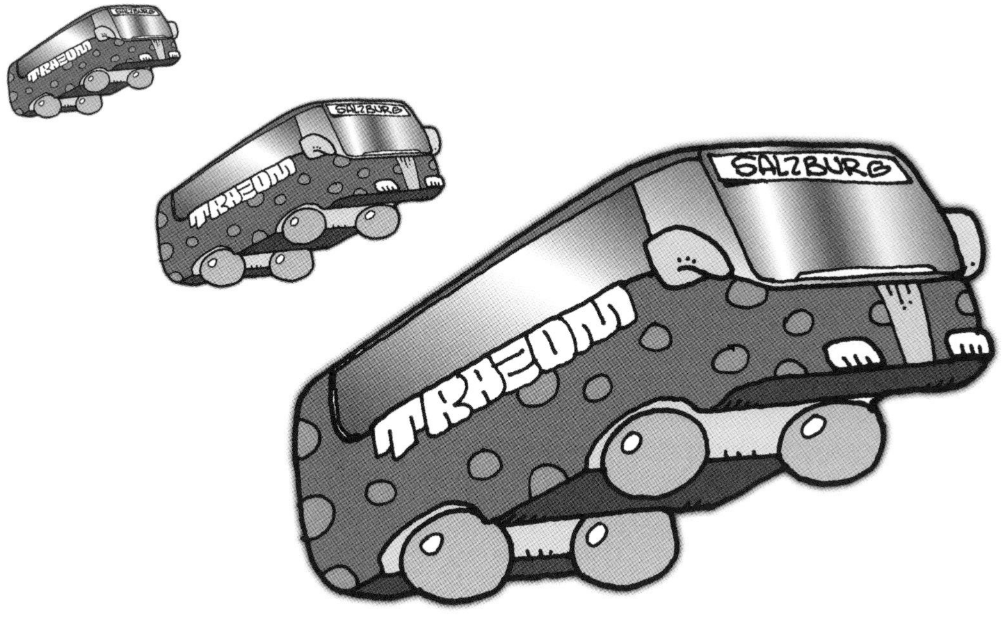

Kaum haben sie die Computer eingeschaltet, leuchtet folgender Text auf:

Herzlich willkommen!

Legt euch für eure Übungen
ein eigenes Heft an!
Damit ihr wisst, ob eure Texte
gut ausgefallen sind,
zeigt sie euren irdischen Beratern!

Wir wünschen euch viel Erfolg!

(FANTASIE- UND ERLEBNISERZÄHLUNG)

Auf den Bildschirmen erscheint eine Fantasieerzählung, die vor 1500 Jahren ein Mädchen in sein Aufsatzheft geschrieben hatte. Damals lebten etliche Bergsteiger, die für ihren Mut berühmt waren. Allerdings sind Bergsteigen und Klettern schon lange vor dem Jahr 3500 aus der Mode gekommen. Fast jeder Gipfel ist durch Landebahnen für Mini-Gleiter erschlossen, die ungezählte Touristen in den verschiedenen Höhenlagen absetzen. Probleme mit dem Wetter gibt es keine, da das Klima künstlich reguliert wird.

Mein erster Achttausender

Ich wollte einmal mit Herrn Metzger, einem berühmten Bergsteiger, den Mount Everest bezwingen. Herr Metzger ist dafür bekannt, dass er das Amazonasbecken und den Schlosspark von Pötzleinsdorf in Wien ohne Sauerstoffgerät durchquert hatte. Dort hatte er auch eine steinzeitliche Mumie, den so genannten „Pötzi", gefunden.
Wir schlugen also unser Zeltlager am Fuß des Achttausenders auf. Herr Metzger erklärte: „Wir brauchen weder Reiseproviant noch Wetterschutz mitzunehmen, da wir ohnehin gleich unten auf dem Gipfel angelangt sein werden." Als er meinen erstaunten Blick sah, lachte er: „Von nun an geht's bergab." Wir zogen beide je eine Sandale und einen Bergschuh an, damit wir für alle Bodenverhältnisse gerüstet waren, und marschierten los. Fast mühelos schritten wir bergab. „Im nächsten Jahr will ich den Mount Everest mit einem Pferd besteigen", erklärte mir Herr Metzger unterwegs. „Ich übe schon in der Felsenreitschule in Salzburg. Aber noch schwerer als der Ritt über Felsen ist das Besteigen eines Berges mit Rollschuhen. Das wird mein übernächstes Unternehmen sein. Darauf freue ich mich schon jetzt." Unter derart munteren Gesprächen spazierten wir durch wirtliche und unwirtliche Gegenden. Endlich, am tiefsten Punkt unserer Wanderung, standen wir vor einer schweren Tür. Herr Metzger zog sie langsam auf. Ein eiskalter Wind schlug uns entgegen: Wir standen auf dem Gipfel des höchsten Berges der Welt. Ein herrlicher Ausblick entschädigte uns für alle Mühen. Wir sahen hinüber auf den Großglockner, das Bödele und den Kahlenberg. Zwei mächtige Ströme, der Inn und der Nil (die ja bekanntlich die Quellflüsse des Mississippi sind), schlängelten sich durch blühende Gebirgstäler. „Riech nur, diese herrliche Luftverschmutzung", sagte mein Begleiter, „hier ist die Luft nicht so steril wie bei uns daheim."
Nachdem wir unseren Gipfelsieg lange genug genossen hatten, begannen wir mit dem Abstieg, der sanft bergauf ging.

Achtung: Bei Fantasieerzählungen sind den Ideen keine Grenzen gesetzt! Starke Übertreibungen sollten aber humorvoll sein, damit sie beim Leser gut ankommen!

Zu drei der folgenden Themen eine Fantasiegeschichte schreiben!

Das Wunderauto   Eine Reise in die Vergangenheit
Ein Tier (ein Gegenstand) erzählt   Als ich das Beamen erlernte   Ein Traum
Aus meiner Tätigkeit als Wunderarzt   Auf einem fremden Planeten
Mein gefährlichster Auftrag   Eine Reise in die Zukunft

In einer **Fantasiegeschichte** ist vieles erfunden.
Bei der „Reise in die Vergangenheit" sollten allerdings Namen, Orte und Begriffe den Tatsachen entsprechen.

Ganz anders als eine Fantasiegeschichte sieht eine **Erlebniserzählung** aus.
Sieh dir das folgende Beispiel an.

Das verschwundene Fahrrad

Die letzte Schulstunde war zu Ende. Ich war der Erste, der das Klassenzimmer verließ. Meine Mutter hatte mir am Morgen eingeschärft, ich solle möglichst rasch nach Hause kommen und nicht die Zeit vertrödeln. Daher nahm ich zwei Stufen auf einmal, als ich die Treppe hinunterstürmte.
Als ich vor das Schulhaus kam, fand ich mein Fahrrad nicht mehr. Der Platz, an dem ich es am Morgen abgestellt hatte, war leer. Verzweifelt suchte ich die ganze Häuserfront ab. Vielleicht hatte mir einer meiner Mitschüler einen Streich gespielt und das Fahrrad irgendwo versteckt. Aber mein Suchen war vergebens.
Inzwischen waren einige meiner Klassenkameraden erschienen. Sie beratschlagten, wie sie mir helfen könnten. Christa fragte: „Bist du wirklich mit dem Fahrrad zur Schule gekommen? Vielleicht bist du heute mit der Straßenbahn gefahren?" Schließlich halfen mir alle beim Suchen. Aber es nützte nichts. Nach einer Weile

meinte Christa: „Dein Fahrrad muss jemand gestohlen haben. Hast du es in der Früh nicht abgesperrt?" Ich war den Tränen nahe, als ich ihr antwortete: „Das Fahrradschloss habe ich heute daheim vergessen."
Mit hängendem Kopf trottete ich zur Schule zurück. Ich wollte den Schulwart fragen, ob er etwas gesehen hatte. Aber das Haustor war schon versperrt.
Am nächsten Morgen ging ich zu unserem Direktor und meldete den Vorfall. Der ließ den Schulwart kommen, und die ganze Angelegenheit wurde ausführlich erörtert. Schließlich meinte der Herr Direktor: „Ich werde mit dir durch alle Klassen gehen und fragen, ob jemand das Fahrrad gesehen hat. Du musst den Verlust aber auch der Polizei melden."
Das war letzte Woche. Bis heute habe ich nichts mehr von meinem Fahrrad gehört. Ich habe auch wenig Hoffnung, dass ich es wiederbekommen werde.

Dieser Text erfüllt alle Bedingungen, die an eine Erlebniserzählung gestellt werden.

- Eine Erlebniserzählung muss **wahr** sein!
- Beim Erzählen muss man auf die **richtige Reihenfolge** achten!
- Man soll immer nur **ein** Erlebnis erzählen!

„Das verschwundene Fahrrad" aus der Sicht von Christa erzählen!

Zu drei der folgenden Themen je eine Erlebniserzählung schreiben!

Daran habe ich noch lange denken müssen | Ein langweiliger Abend
Das war unüberlegt! | Darüber habe ich mich sehr gefreut
Eine Situation, in die ich nie mehr geraten möchte

DIE GLIEDERUNG EINES TEXTES

Ein Kapitel, mit dem sich die Sprachroboter bereits in der Vergangenheit beschäftigt haben, ist die Gliederung von Texten. Die Beispiele und Merksätze, die von den Bildschirmen leuchten, beherrschen sie im Schlaf (wenn man das von Robotern überhaupt so sagen kann).

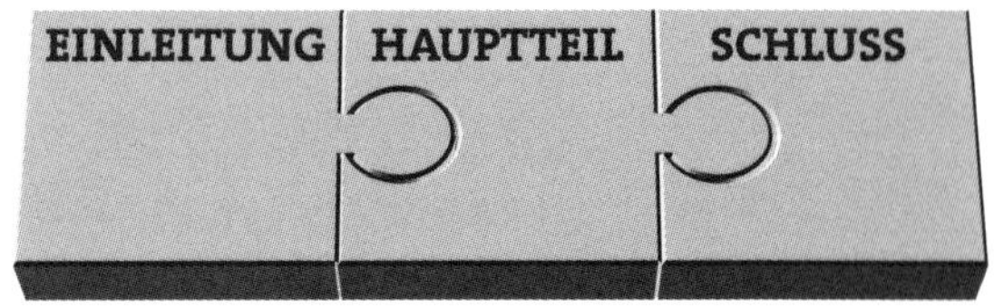

Wie man einen Text gliedert

Einleitung: Die Einleitung soll zum Thema hinführen und zum Weiterlesen anregen. Sie darf nicht zu lang sein.
Hauptteil: Im Hauptteil wird das Erlebnis erzählt, über das man schreiben will. Er ist der längste Teil des Textes.
Schluss: Der Schluss soll kurz sein. Er beendet den Text. Aber er darf nicht nur die Überschrift wiederholen.

Alle drei Abschnitte werden durch **Absätze** getrennt.

Bevor sich die Roboter nur mit halber Kraft durch dieses ihnen bekannte Kapitel arbeiten, werden sie von ihren irdischen Beratern mit weiteren Merksätzen gefüttert. (Wenn nämlich ein Roboter zu wenig ausgelastet ist, verdickt sich das Öl, das überall in seinem Körper durch meist sehr dünne Leitungen fließt. Er wird arbeitsunfähig und muss einer langwierigen Reparatur unterzogen werden.)

Gliedern bedeutet das sinnvolle Ordnen von Gedanken. Damit vermeidet man Fehler wie Wiederholungen und Abweichungen vom Thema.
Bevor man eine Gliederung beginnt, ist es wichtig die Gedanken zu notieren, die einem zum gestellten Thema einfallen. Das nennt man **Stoffsammlung**.
Sie muss noch nicht geordnet sein.

Zum Beispiel:

Thema:

Das misslungene Nachtmahl

Stoffsammlung:

Allein daheim
Idee, das Nachtmahl zu kochen
Milchreis
Rezept
Menge für fünf Personen
Zu wenig Milch
Endergebnis
Reaktion der Eltern

Gliederung:

Einleitung: *Allein daheim*
Idee, das Nachtmahl zu kochen
Hauptteil: *Das Rezept (Menge für fünf Personen)*
Der erste Misserfolg
Milch kaufen
Fertigkochen des Gerichts
Endergebnis
Schluss: *Die Eltern kommen nach Hause*
Die Reaktion der Eltern
Am Ende Versöhnung

Ausarbeitung:

Einleitung:

Als ich neulich am Nachmittag allein zu Hause war, wollte ich meine Eltern mit einem perfekt zubereiteten Nachtmahl überraschen. Ich entschied mich für Milchreis. Das war sicher der richtige Einstieg für eine Anfängerin auf dem Gebiet der Kochkunst.

Hauptteil:

Nachdem ich eine Weile vergebens nach einem Kochbuch gesucht hatte, beschloss ich das Gericht nach Gefühl zusammenzustellen. Die Zutaten hatte ich ja im Kopf. Für fünf Personen (meine beiden Brüder, meine Eltern und mich) würden wohl 1 kg Reis, 1 l Milch und $\frac{1}{2}$ kg Zucker reichen. Unter heftigem Umrühren versuchte ich mein Erstlingswerk in einem großen Topf zum Kochen zu bringen. Da sich der Milchreis aber damit etwas Zeit ließ, wollte ich inzwischen doch noch nach einem Kochbuch stöbern. Sicher war sicher! Plötzlich durchzog ein etwas eigenartiger Geruch unsere Wohnung: Es roch angebrannt. Zu meinem Entsetzen musste ich feststellen, dass in

dem Topf kein Tropfen Milch mehr zu sehen war. Hastig wollte ich noch etwas nachgießen. Ich musste mein Kochunternehmen aber unterbrechen, da keine Milch mehr im Kühlschrank war. Also stellte ich den Milchreis, von dessen Köstlichkeit ich nun gar nicht mehr überzeugt war, vom Herd und lief ins Geschäft an der Ecke. Sicherheitshalber besorgte ich gleich 3 l Milch.
Unter reichlicher Zugabe von Milch und Zucker vollendete ich mein Werk. Ich hätte einen noch größeren Topf gebraucht. Das Endergebnis meiner Bemühungen war eine milchige Brühe, die angebrannt schmeckte. Zur Geschmacksverbesserung streute ich noch ein ganzes Glas geriebenen Zimt auf den Milchreis.

Schluss:

Als meine Eltern nach Hause kamen, rümpften sie die Nase. „Was riecht denn da so grauslich?", fragte meine Mutter. Ich erzählte von meinem Einfall das Nachtmahl selbst zuzubereiten. Mein Vater machte ein zweifelndes Gesicht und ging in die Küche. Dort kostete er von meinem Meisterwerk. Sein angewiderter Gesichtsausdruck zeigte mir, dass mein so glorreich begonnenes Unternehmen ein großer Fehlschlag geworden war.
„Mach dir nichts draus", tröstete mich meine Mutter, als sie meine Niedergeschlagenheit sah, „solche Dinge sind mir auch schon passiert." „Ich weiß", sagte mein Vater lachend, „und jetzt freue ich mich auf ein Butterbrot."

Wie auf Kommando beginnen die Sprachroboter an einem Knopf hinter ihrem linken Ohr zu drehen. Da die modernst programmierten Stahlkolosse alte irdische Texte oft nicht verstehen können, haben sie hinter dem linken Ohr einen Zeitschaltknopf eingebaut. Mit seiner Hilfe lässt sich eine Gedächtniszelle aktivieren, welche den Robotern das Verständnis für vergangene Zeiten und vergangenes Denken eingibt. Denn wie soll ein Roboter aus dem Jahr 3500 wissen, was in einem Text aus dem Jahr 2000 mit dem Wort „Milchreis" gemeint ist?

„Das misslungene Nachtmahl" aus der Sicht der Mutter oder des Vaters erzählen!

Aus den folgenden Themen wieder mindestens drei für Erlebniserzählungen auswählen.
Vorher Stoffsammlungen und Gliederungen schreiben!

Ein gefährlicher Großbrand | Das wäre nicht notwendig gewesen | Stromstörung
Der größte Schreck meines Lebens | Ein Besuch auf dem Fußballplatz
Das Sportfest | Ein heiteres Erlebnis im Tiergarten | Eine Ferienbekanntschaft

STICHWÖRTER UND ERZÄHLKERNE

Die irdischen Sprachwissenschaftler besitzen keinen Knopf hinter dem linken Ohr, mit dessen Hilfe sie sich in das Gedankengut vergangener Zeiten versetzen können. Zwar wurde vor einiger Zeit mit speziell entwickelten Chips experimentiert, die man freiwilligen Versuchspersonen in das Rückenmark einsetzte. Aber keine dieser Versuchspersonen fand nach einem Ausflug in die Vergangenheit wieder in die Gegenwart zurück. Selbst ein Entfernen der Chips nützte nichts. Manche dieser Bedauernswerten glaubten Pharaonen zu sein oder schleppten für den Rest ihres Lebens Steine zum Bau von Pyramiden. Andere wieder fühlten sich von Drachen verfolgt oder kämpften als Robin Hood gegen die Ärzte, die sie behandelten.
Schließlich entdeckte man, dass es möglich war, mit Hilfe einer bestimmten Art von Gummibären in andere Zeiten zu „reisen". Je nach Zahl und Farbe der Gummibären, die man verzehrt, kann man sich irgendwohin in die Vergangenheit oder in die Zukunft versetzen.
Allerdings sind die Gummibären des 4. Jahrtausends nicht mit jenen läppischen Dingern des 20. und 21. Jahrhunderts vergleichbar.
Um die alten irdischen Übungen dieses Kapitels noch besser zu verstehen, verzehrt jeder der geklonten Assistenten drei blaue Gummibären. Auch der Professor verspeist heimlich die nötige Menge.

Aus drei der folgenden Stichwortgruppen Erlebniserzählungen zusammenstellen!
Stoffsammlungen und Gliederungen nicht vergessen!

1. Skirennläufer – Rettungshubschrauber
2. Bergsteiger – Gipfelkreuz – Gewitter
3. See – Ausflugsdampfer – Ruderboot
4. Kinokasse – Menschenschlange – jemand will sich vordrängen
5. Geburtstag – Besuch – Tränen
6. Schwimmbad – zwei Burschen stoßen einen dritten ins Wasser – der Bademeister kommt gelaufen
7. Raketenstart – Raumstation – ein fremdes Raumschiff nähert sich

Um die Kreativität der Roboter zu steigern, werden ihre Computerdateien mit einem Musterbeispiel gefüttert. Manche der Roboter übertragen alle neuen Erkenntnisse sofort in ihr Gedächtniszentrum. Interessanterweise besitzen die Sprachroboter mehr Entscheidungsfreiheit und Persönlichkeit als ihre geklonten Gastgeber, die alle an bestimmte Verhaltensmuster gebunden sind.

Stichwörter:

Skirennläufer – Rettungshubschrauber

Stoffsammlung:

Hahnenkammrennen
Mittagessen
Verlauf des Rennens
Reaktion der Mutter
Schwerer Sturz eines Läufers
Unterbrechung
Abtransport mit dem Hubschrauber

Gliederung:

Einleitung: *Hahnenkammrennen im Fernsehen*

Hauptteil: *Wir sehen während des Mittagessens zu*
Die Mutter ist verärgert
Enttäuschendes Abschneiden unserer Rennläufer
Ein schwerer Sturz
Unterbrechung des Rennens
Verhalten des Reporters
Warten auf den Rettungshubschrauber
Abtransport
Wir haben genug vom Fernsehen

Schluss: *Abendnachrichten – Mitteilung über die Schwere der Verletzungen des Rennläufers*

Ausarbeitung:

Unfall eines Skirennläufers

Letzten Samstag fand das berühmte Hahnenkammrennen in Kitzbühel statt. Dieses „schwerste Abfahrtsrennen der Welt", wie es immer genannt wird, lasse ich mir nie entgehen. Und so wie ich denken auch mein Vater und meine Schwester.
Da saßen wir also beim Mittagessen, starrten auf den Fernseher und fuhrwerkten mit unseren Löffeln in der Suppe herum. Dass wir auch zum Mund fanden und nicht alles verschütteten, grenzte fast an ein Wunder. „Genauso gut hätte ich euch Abwaschwasser in die Teller füllen können", schimpfte Mutter, die diese Fernsehmahlzeiten hasst.
Zu unserer großen Enttäuschung versagten unsere Abfahrer. „Das ist die Schuld des Materials", erklärte der Reporter. Das einzig Spannende war der Sprung der

Rennläufer über die Hausbergkante. Meine Schwester schrie immer auf, wenn einer der Abfahrer stürzte. Einen mir unbekannten italienischen Fahrer drehte es sogar wie einen Kreisel um die eigene Achse, bevor er auf den Rücken fiel. Als er aber liegen blieb, bekam ich ein etwas mulmiges Geühl in der Magengegend. Mir wurde plötzlich bewusst, dass diese aufregenden Stürze für die Betroffenen sehr schmerzvolle Erlebnisse darstellen.
„Was ist, wenn er stirbt?", fragte meine Schwester plötzlich, der so wie mir der Appetit vergangen war. „Das habt ihr von eurer Fernsehsucht!", schimpfte die Mutter. Nur Vater meinte: „Es wird schon nicht so arg sein."
Das Skirennen wurde unterbrochen. Der Reporter erklärte, dass man auf den Rettungshubschrauber warte. Da die Pause doch recht lang wurde, ging dem Sprecher allmählich der Gesprächsstoff aus. Während des Rennens war er dem ehemaligen Skirennläufer, der ihm beim Kommentieren half, häufig sehr unhöflich ins Wort gefallen. Jetzt begann er sich zu wiederholen und immer längere Pausen zu machen. Zwischendurch zeigte die Kamera abwechselnd die fröhlich lachenden Leute im Zielraum und das schmerzverzerrte Gesicht des Verunglückten in Großaufnahme.
Endlich sah man Schnee aufstäuben. Die Kamera schwenkte zu einem gelb lackierten Hubschrauber, der mitten auf der Abfahrtspiste gelandet war. „Ich glaube, wir drehen jetzt ab", schlug der Vater vor. Uns war die Lust am Fernsehen vergangen. Wir sahen noch, wie der Verletzte vorsichtig in den Rettungshubschrauber verladen wurde.
Am Abend hörten wir in den Nachrichten, dass sich der verunglückte Rennläufer mehrere Rippenbrüche und eine Wirbelsäulenverletzung zugezogen hatte.

Den „Unfall eines Skirennläufers" aus der Sicht der Mutter erzählen!

Aus nur zwei Stichwörtern kann man einen ausführlichen Text erarbeiten.

Man darf dabei nicht die Grundsätze vergessen, die beim Schreiben von Erlebniserzählungen zu beachten sind!
Auch **Erzählkerne** (z.B. Zeitungsmeldungen) lassen sich zu Erzählungen ausbauen.

Wie erst jetzt gemeldet wurde, kam es auf der A2, der Südautobahn, zu einer Massenkarambolage, die mehrere Verletzte forderte. Über den genauen Hergang des Unfalls und die Höhe des Schadens war bei Redaktionsschluss noch nichts bekannt.

•

Im Kaufhaus X in Graz brach gestern kurz nach 18 Uhr ein Großbrand aus. Mehreren Feuerwehren aus Graz und Umgebung gelang es, das Feuer unter Kontrolle zu bringen, und ein Übergreifen auf benachbarte Objekte zu verhindern. Verletzt wurde niemand. Die Höhe des Schadens dürfte in die Millionen gehen.

•

Möglicherweise durch Blitzschlag wurde gestern das Wirtschaftsgebäude des Landwirtes Franz W. aus Aspangberg eingeäschert. Während das Vieh gerettet werden konnte, fielen wertvolle Landmaschinen den Flammen zum Opfer. Durch den raschen Einsatz mehrerer Freiwilliger Feuerwehren konnte ein Übergreifen der Flammen auf das Wohngebäude verhindert werden.

Mindestens eine der Zeitungsmeldungen zu einer Erzählung ausbauen! Das Geschehen möglichst spannend erzählen!

Die Texte aus verschiedenen Perspektiven schreiben: zum Beispiel aus der Sicht eines Polizisten, eines Feuerwehrmannes, eines Kaufhauskunden, eines Passanten, des Bauern, eines Sommergastes usw.

Als Beispiel ein Mustertext zur ersten Zeitungsmeldung:

Eine schauerliche Autobahnfahrt

Gestern Nachmittag wollten meine Mutter und ich Tante Trude besuchen, die in der Nähe von Wiener Neustadt wohnt. Da es heftig schneite, hörten wir uns vorher noch den Straßenzustandsbericht im Radio an. Der Sprecher warnte vor starkem Schneetreiben auf der Südautobahn und forderte die Autofahrer auf jede nicht unbedingt nötige Ausfahrt zu unterlassen. „Am liebsten würde ich daheimbleiben", meinte meine Mutter besorgt. „Aber du hast Tante Trude doch geschrieben, dass wir sie heute besuchen kommen", erinnerte ich sie. „Ich weiß", seufzte Mutter. „Und da Tante Trude derzeit kein Telefon hat, werden wir wohl in den sauren Apfel beißen müssen. Sonst glaubt sie, uns ist etwas passiert."
Ich hatte keine Angst vor einer Autofahrt im Schneetreiben. Im Gegenteil, mir ist immer recht wohl zumute, wenn ich aus dem geheizten Auto auf das Getümmel um

mich herum schaue. Diese Fahrt sollte aber zu einem richtigen Abenteuer werden. Zunächst schien alles gut zu gehen. Nur vereinzelte Schneeflocken tanzten vor unserer Windschutzscheibe nieder. Meine Mutter wurde hinter dem Lenkrad immer entspannter. „Es ist doch nicht so arg", meinte sie. Hinter der Ausfahrt nach Baden setzte aber schlagartig heftiges Schneetreiben ein. Der Himmel war schwarz, schwere Flocken fegten wie ein Vorhang auf uns zu und klebten an den Scheiben fest.

Meine Mutter biss die Zähne zusammen und umklammerte das Lenkrad. Sie beugte sich weit vor, obwohl sie wusste, dass sie dadurch auch nicht besser sehen konnte. „Bei der nächsten Ausfahrt fahren wir hinunter und kehren um", sagte sie nervös. Wir rollten nur mehr im Schritttempo weiter. Auch ich fand es im geheizten Auto nicht mehr so gemütlich. Plötzlich bekam ich Angst.

Schlagartig tauchten vor uns blinkende Lichter auf. Polizeibeamte winkten uns auf den Pannenstreifen. „Steigen sie schnell aus!", rief einer, als wir angehalten hatten. Währenddessen rasten mehrere Personenautos trotz der schlechten Sicht mit hoher Geschwindigkeit an uns vorbei. Sie hatten die blinkenden Lichter und die Polizisten offensichtlich gar nicht bemerkt. Weiter vorne sah ich jetzt Flammen lodern. Dazwischen hörte ich immer wieder lautes Krachen. Ein Polizeibeamter zerrte uns über die Leitplanke. „Laufen Sie die Böschung hinunter!", rief er. „Dort sind Sie sicher."

In einer großen Wiese blieben wir stehen. Meine Mutter drückte mich zitternd an sich. Da begann ich laut zu weinen.

Nachdem sich die Lage etwas beruhigt hatte, lotste uns ein Polizeiauto auf die Bundesstraße, damit wir zurück nach Wien fahren konnten. Am Stadtrand ließ meine Mutter das Auto stehen. „Ich kann nicht mehr fahren", sagte sie.

Abends erzählte sie noch immer zitternd meinem Vater von dem schrecklichen Abenteuer. „Ich habe mir ohnehin große Sorgen um euch gemacht, als ich die Radiomeldungen über die Massenkarambolage hörte", sagte er. „Ich bin froh, dass ich euch gesund wiederhabe." Dabei umarmte er uns beide, und da spürte ich, dass auch mein Vater zitterte.

Achtung: Stoffsammlung und Gliederung nicht vergessen!

Bei einem der Roboter beginnen plötzlich zwei Lämpchen auf den metallischen Ohren rot zu blinken. Gleichzeitig heult eine kleine Sirene los und auf seinem Rücken leuchtet ein kleiner Bildschirm auf. Das Wort „Fehlfunktion" ist darauf zu lesen. „Das passiert unserem Kollegen von Zeit zu Zeit", erklärt ein anderer Roboter. „Er ist vom Fließband gefallen, während er zusammengeschraubt wurde. Ich werde mich um ihn kümmern. Aber der Text, an dem er gerade arbeitet, sollte kontrolliert werden."

Als einer der irdischen Sprachgelehrten die Datei durchsieht, welche der gestörte Roboter vorhin eingespeichert hat, findet er einen Text, in dem fast kein einziges Verb richtig verwendet wird. Den geklonten Sprachwissenschaftlern stehen vor Entsetzen die Haare zu Berge.

Den Text gut durchlesen und mit den richtigen Verben in das Heft schreiben!

Das gestohlene Fahrrad

Die Glocke brüllte. Die letzte Stunde war zu Ende. Andreas kroch als Erster aus dem Klassenzimmer. Er kollerte immer über zwei Stufen auf einmal, als er das Stiegenhaus hinunterschlich. Vor dem Schultor gaffte er nach seinem Fahrrad, das er am Morgen hier abgelegt hatte. Doch der Platz war leer. Andreas segelte durch die ganze Gasse und schielte in jedes Haustor, aber vergebens.
Inzwischen waren einige seiner Klassenkameraden herbeigetorkelt. „Was ist denn los?", donnerte Peter. „Mein Fahrrad ist weg!", lachte Andreas. „Wir helfen dir suchen", schluchzte Lisa.
Wolfgang hustete: „Bist du sicher, dass du heute mit dem Fahrrad in die Schule geschleudert bist? Vielleicht bist du mit der Straßenbahn gerollt?" Aber Andreas war ganz bestimmt mit dem Fahrrad von daheim weggerudert. Alle Freunde versteckten mit ihm sein verschwundenes Fahrzeug. Doch es nützte nichts. Schließlich säuselte Monika ganz laut und empört: „Dein Rad muss jemand gekauft haben!" Andreas war nahe daran vor Wut loszuflüstern. Er hüpfte noch einmal in die Schule zurück und sang dem Direktor von seinem Missgeschick. „Da musst du eine Anzeige bei der Polizei machen", kicherte der Direktor und beschimpfte ihn. „Dir wird wohl nichts anderes übrig bleiben als Geduld zu haben und zu warten", grölte er zum Abschluss und zerquetschte Andreas beim Weggehen die Hand.
Vor dem Schultor krähte Andreas den Freunden, was er mit dem Herrn Direktor gequakt hatte.

So krass wie in diesem Text wird sich normalerweise niemand mit den Verben irren. Immerhin aber gibt es Leute, die immer dieselben Zeitwörter verwenden (z. B. gehen, sagen, machen).

Zu „sagen", „gehen", „machen", „schreiben", „essen" bedeutungsähnliche Verben suchen!

Zum Beispiel:
sagen: reden, ...
gehen: laufen, ...
machen: bauen, ...
schreiben: kritzeln, ...
essen: beißen, ...

Aus jeder Gruppe mehrere Verben suchen und damit Sätze bilden!

EINE EINLEITUNG IST NICHT IMMER NOTWENDIG

Erlebnis- und Fantasieerzählungen kann man auch ohne Einleitung schreiben. Sie wirken manchmal besser, wenn die Handlung sofort beginnt.

a) Eine Fantasieerzählung

Der Roboter

„Au!", Mel Prix schrie vor Schmerz auf, als er einen heftigen Schlag gegen sein rechtes Knie spürte. Das war bereits der dritte Stein, den Rob auf dem Hang vor ihm losgetreten hatte.
Obwohl der Schrei durch das Übertragungssystem in Robs Helm zu einem gewitterartigen Dröhnen angeschwollen sein musste, reagierte er aufreizend langsam. „Was ist?", fragte er kalt. „Mein Knie, du Idiot!", zischte Mel. „Ist dein Raumanzug beschädigt?" „Nein, aber ich kann den Fuß nicht mehr abbiegen!"
Rob ging zu Mel zurück, warf sich den Verletzten schweigend über die Schulter und stapfte zum Raumschiff zurück. „Komischer Kerl", dachte Mel, während sie sich über den bläulich grünen Abhang bergab bewegten. Die gelben Strahlen einer fremden Sonne spiegelten sich in den Sichtluken der Rakete. Vor zwei Stunden waren sie auf

dem unbekannten Planeten gelandet. Mel wusste nicht mehr, wie lange sie bereits von daheim weg waren. Allerdings signalisierte das Kontrollsystem seit heute, dass es Zeit zur Umkehr sei. Zwei Tage standen ihnen für alle Vorbereitungen zur Verfügung. Und jetzt dieser dumme Unfall! Fast schien es, als hätte Rob die Steine absichtlich losgetreten.
Als sie die Einstiegsluke erreicht hatten, setzte Rob seinen verletzten Kameraden unsanft ab. Ausdruckslos begann er zu sprechen: „Ich fliege. Du bleibst. Zurück kann nur einer." Mels Bitten half nichts. Rob wiederholte die drei kurzen Sätze. Verzweifelt schleuderte der Verletzte einen großen Stein nach seinem Kopiloten. Er traf ihn am Helm, der unhörbar zerbarst. Trotz der giftigen Atmosphäre, die auf dem Planeten herrschte, blieb Rob stehen und wiederholte: „Ich fliege. Du bleibst. Zurück kann nur einer."
Nun fiel es Mel Prix wie Schuppen von den Augen. Rob war einer jener perfekt konstruierten Überwachungsroboter, die nicht mehr von Menschen zu unterscheiden waren! Er hatte derartige Meldungen bisher für unbewiesene Gerüchte gehalten. Diese Roboter waren als Kopiloten ausgebildet, speicherten alle Daten über ihre Kameraden und kehrten meist allein von weiten Raumflügen zurück. Der Mensch war nur Ballast und brauchte unnötige Verpflegung.
Offenbar hatte der Steinwurf Robs Verteidigungssystem zerstört. Mel kroch zu ihm hin und gab ihm einen heftigen Stoß. Der Roboter stürzte zwischen zwei Gesteinsbrocken, wo er wie eine seelenlose Puppe liegen blieb.
Mel schleppte sich durch die Einstiegsluke in das Raumschiff. Als endlich die Raketenmotoren beim Start aufheulten, tönte es noch immer aus seinem Übertragungssystem: „Ich fliege. Du bleibst. Zurück kann nur einer. Ich fliege. Du ..."

b) Eine Erlebniserzählung
(Beispiel von S.18, diesmal mit direktem Einstieg!)

Eine schauerliche Autobahnfahrt

Als wir aus dem Auto kletterten, sah ich ein Stück weiter vorne Flammen lodern. Polizeibeamte hatten uns auf den Pannenstreifen gewinkt und hastig zum Aussteigen aufgefordert. Einer von ihnen zerrte uns über die Leitplanke. „Laufen Sie die Böschung hinunter!", rief er. „Dort sind Sie sicher!" Beim Überklettern der Leitplanke sah ich, wie mehrere Personenautos trotz der schlechten Sicht an uns vorbeirasten. Sie hatten die blinkenden Lichter und die Polizisten offensichtlich gar nicht bemerkt. Immer wieder hörten wir lautes Krachen aus der Flammenhölle vor uns.

Dabei hatte alles so harmlos angefangen. Meine Mutter und ich wollten Tante Trude besuchen, die in der Nähe von Wiener Neustadt wohnt. Da es heftig schneite, hörten wir uns vorher noch den Straßenzustandsbericht im Radio an. Der Sprecher warnte vor starkem Schneetreiben auf der Südautobahn und forderte die Autofahrer auf, jede nicht unbedingt nötige Ausfahrt zu unterlassen ...

Diesen Text fertig stellen!

Einige der bisher angebotenen Themen neu bearbeiten und gleich mit der Handlung beginnen!

ÜBER DIE BEDEUTUNG DER ANFÜHRUNGSZEICHEN

Die Fehlfunktion des Roboters, der völlig unpassende Verben in einen Text eingefügt hat, ist inzwischen behoben worden. Allerdings haben seine Kollegen festgestellt, dass er beim Einsetzen von Anführungszeichen noch Störungen aufweist. Die Menschen bezeichnen das als Erinnerungslücke oder Blackout. Auf Anraten der übrigen Roboter wird ihm ein entsprechender Text vorgelegt, den er in sein künstliches Gehirn übertragen soll.
Da die Sprachroboter einen Chip eingepflanzt haben, der ihnen gefühlsähnliche Regungen erlaubt, wirkt der stählerne Geselle über seinen Ausfall etwas zerknirscht. Mit großer Aufmerksamkeit arbeitet er den folgenden Text durch.

Tragödie im Raumfahrtzentrum

Der Direktor des Raumfahrtzentrums fragte Ingenieur Laser, seinen Cheftechniker: „Ist die Mondrakete startbereit?"
„Das würde ich auch gerne wissen!", stotterte Ingenieur Laser und zwinkerte nervös mit dem linken Auge.
„Heißt das", knurrte der Direktor, „dass Sie über Ihre Aufgaben nicht informiert sind?"
„Ich muss Ihnen etwas sagen", antwortete der Cheftechniker. „Der Computer hat gerade gemeldet, dass das Haupttriebwerk beim Auftanken explodiert ist."
„Haben Sie die Explosion gehört?", stammelte der Direktor erschrocken.
„Wir befinden uns in einem schalldichten Raum", antwortete der Cheftechniker und begann nun auch mit dem rechten Auge nervös zu zwinkern.
Da brüllte der Direktor los: „Schauen Sie doch endlich durch das Panzerglasfenster!

Sagen Sie mir, was Sie draußen sehen!", und sank erschöpft in seinen Stuhl zurück. Als Laser verzweifelt rief: „Das habe ich schon, aber ich konnte nur einen tiefen Krater erkennen!", traf seinen Chef der Schlag.

Achtung: Die Stellung der Anführungszeichen gut ansehen!

Den folgenden Text in das Heft schreiben und die Anführungszeichen einsetzen!

Auch eine Weltraumtour will geplant sein

Robi hatte zu seinem Geburtstag einen kleinen Raumgleiter bekommen. Er hatte nach langem Hin und Her doch die Bedenken seiner Eltern zerstreuen können.
Auf unserem kleinen Planeten ist zu wenig Platz für einen Raumgleiter, hatte Vater Roboter zuerst gemeint. Du bringst dich und andere damit in Gefahr.
Und die Mutter hatte noch ergänzt, während sie ihre stählernen Lockenwickler ölte: Da hätte ich den ganzen Tag Angst, während du unterwegs bist. Aber jetzt stand das silbern glänzende Gefährt vor der Tür.
Nun saßen Robi und seine Freunde beisammen, begutachteten das tolle Geburtstagsgeschenk und planten eine gemeinsame Raumtour. Die meisten von ihnen besaßen bereits so ein raumtaugliches Gefährt, für das die Industrie im Roboter-Jugend-Fernsehen mit ungeheurem Aufwand warb.
Robis verträumter Freund Sensor schrie plötzlich auf: Ich hab eine Idee! Machen wir am nächsten Wochenende eine gemeinsame Weltraumtour!
Davon reden wir ja die ganze Zeit, du Träumer, sagte Metallica lachend und schüttelte ihre rot gefärbten Drahtverbindungen.
Ach so, brummte Sensor etwas verlegen und horchte den begeisterten Gesprächen der anderen zu. Robi unterbrach plötzlich das Stimmengewirr: So einfach losfliegen? In dem Verkehr? Wollt ihr euch über die verstopften Flugrouten quälen?
Natürlich nicht! Wir müssen eine geeignete Strecke finden, schaltete sich Titania ein.
Auf der Südost-Tangente dürfen derzeit keine intergalaktischen Raumgleiter verkehren, meinte Elektrix. Das stelle ich mir sehr schön vor. Nur Kleinfahrzeuge und Familienshuttles.
Aber zum Saturn möchte ich auch, warf Metallica ein.
Ich möchte eine Höhle auf dem Mars erforschen!, rief Sensor.
Und mich fragt niemand?, tat Carbona beleidigt.
Robi reagierte sofort: Natürlich! Als meine beste Freundin musst du auch einen Wunsch äußern.

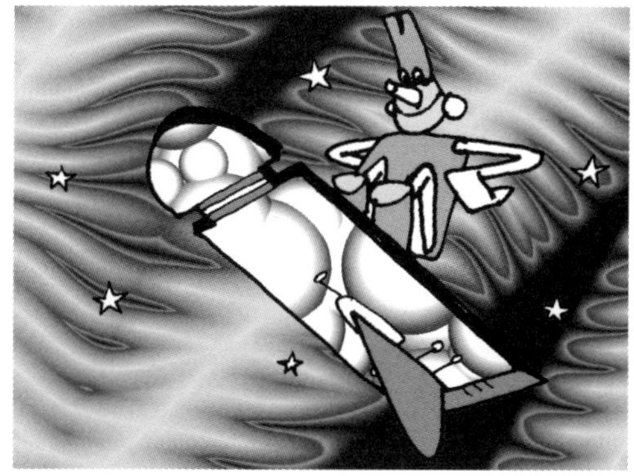

Dann möchte ich mir ein Raumcart ausleihen und ein Rennen zur Wega fahren, erklärte Carbona, ein paar Kunstflugmanöver sollen auch dabei sein.
Oje, jammerte Sensor, ich glaube, das erlauben meine Eltern nicht.
Elektrix wusste Rat: Du kannst ja Starter und Schiedsrichter sein.
Doch Sensor schüttelte nur den Kopf.
So ging das Gespräch noch eine Weile hin und her. Jeder machte andere Vorschläge.
Schließlich sagte Carbona: Morgen treffen wir einander ohnehin wieder. Wir müssen noch für den Test aus intergalaktischer Geografie lernen. Bis dahin arbeite ich eine Weltraumtour aus, die nicht gefährlich ist und möglichst über unbeflogene Raumstraßen führt.
Immer, wenn es am schönsten ist, spukt die Roboter-Schule dazwischen, maulte Metallica. Das kommt daher, weil unsere elektronischen Lehrer niemals müde oder krank werden.

Diese Übung hat die Sprachroboter an ihre eigene Kindheit (eigentlich müsste man sagen an ihre Entstehungsphase) erinnert.
Nachdem sie die Anführungszeichen richtig eingesetzt haben, probieren sie ihre Fähigkeiten noch an einigen Übungsthemen aus.

Drei Themen auswählen!

Eine Fahrt mit dem Raumgleiter   Der Wettkampf   Nichts wie Ärger
Eine tolle Geschäftseröffnung   Die verlorene Wette   Das war zum Einschlafen
Der Verkehrssünder   In fremden Welten

Nicht vergessen! **Stoffsammlung**
Gliederung
Direkte Rede

Zunächst die mündliche Erzählung eines Schülers über einen Unfall:

Als ich mit meinem Fahrrad um das Schuleck biege, bremse und das Rad abstellen will, da kracht es hinter mir, und zwar drei oder vier Schritte von mir entfernt. Ich drehe mich um, da steht ein gelber Renault Twingo schief und verbeult auf dem Gehsteig und auf der gegenüberliegenden Seite rutscht ein heller VW gerade gegen einen Baum. Die müssen zusammengekracht und auseinandergeflogen sein. Jetzt stehen Schüler und auch Lehrer unten und diskutieren, wie das zugegangen ist. Die Polizei war ziemlich schnell da und verhört jetzt die Beteiligten. Ich glaube so wie die aus der vierten Klasse, dass nur der VW-Fahrer schuld sein kann.

Bei einem schriftlichen Bericht über diesen Unfall darf aber nicht so drauflosgeschrieben werden, wie der Schüler drauflosgeredet hat. Ein Text darf nicht so sprunghaft sein wie eine Rede. Auch kann die gesprochene Umgangssprache nicht unverändert für einen Erlebnisaufsatz übernommen werden.

Des Schülers schriftliche **Erlebniserzählung** über den Unfall müsste etwa so lauten:

Es war kurz vor Schulbeginn. Viele Schüler gingen auf das Schultor zu. Vereinzelt sah man auch Lehrer unter ihnen.
Ich bog mit dem Fahrrad von der Geymaiergasse in die Schulstraße und hörte plötzlich hinter mir ein lautes Krachen. Obwohl ich mich sofort umdrehte, konnte ich den Unfall selbst gar nicht mehr sehen. Gegenüber der Schule stand auf dem Gehsteig ein gelber Renault Twingo mit einer großen Delle am linken vorderen Kotflügel. Auf der anderen Straßenseite war ein heller VW gegen einen Baum gerutscht.
Ich versorgte mein Fahrrad und erkundigte mich bei einer Schülergruppe, die stehen

geblieben war, ob sie mehr als ich gesehen habe. Da erfuhr ich, dass die beiden Pkw zusammengestoßen und auseinandergeprallt waren.
Inzwischen hatte irgendjemand die Polizei verständigt, die nach ein paar Minuten angefahren kam. Die Polizisten kümmerten sich zuerst um die beiden Autolenker und nahmen Protokolle auf. Währenddessen diskutierten wir Zuschauer.
Ob wir Recht haben, dass der VW-Fahrer der Schuldige ist?

Dies ist also eine Erlebniserzählung über einen Unfall. Ein Polizist oder ein Zeitungsreporter würde anders schreiben. Dazu brauchen sie aber zusätzliche genaue Informationen. Diese erhalten sie durch entsprechende Fragen.

Passende Fragen für diesen Unfall sind etwa:

> „Wann ist der Unfall geschehen?"
> „Wo ist er passiert, wie heißen die Straßen?"
> „Gibt es Zeugen?"
> „Wie heißen die Beteiligten?"
> „Gibt es Verletzte?"

Der **Bericht** über den Unfall, wie er in einer **Zeitung** stehen könnte:

Am 26. September um 7.55 Uhr fuhr ein VW in der Geymaiergasse und wollte die Schulstraße überqueren. Aus dieser kam ein Renault Twingo, den ein Vorrangschild zur Weiterfahrt berechtigte. Da beide Lenker ihre Fahrt nicht stoppten, kam es zu einem Zusammenstoß, der so stark war, dass die beiden Autos aneinanderprallten und, durch die Fahrbahn getrennt, auf den Gehsteigen zu stehen kamen. Der linke vordere Kotflügel des Renault und die rechte Tür des VW wurden stark beschädigt, jedoch wurde keiner der Fahrer verletzt.

Ein **Bericht in der Ichform** muss ebenfalls sachlich sein und informieren. Wie könnte der Bericht des Schülers in der Ichform aussehen?

Einen Bericht in der Ichform über den Unfall schreiben!

Einleitung: *Als ich heute Morgen mein Fahrrad vor der Schule abstellen wollte ...*
Hauptteil: ...
Schluss: ...

Beim Schreiben eines **Berichts** muss man alle Informationen **genau** aufschreiben, die **richtige Reihenfolge** einhalten, **wahrheitsgetreu und sachlich** sein und unterscheiden, ob man einen **sachgebundenen Bericht** (z. B. einen Zeitungsbericht) oder einen **Bericht in der Ichform** verfassen will.
Bei einem Bericht in der Ichform kann die Einleitung im Erzählton gestaltet sein, es soll aber trotzdem sehr sachlich berichtet werden.

Um den Sprachrobotern die Unterschiede zwischen den Textarten klarzumachen, lässt sie der Sprachwissenschaftler drei Texte über dasselbe Thema auf dem Bildschirm lesen:

a) einen Zeitungsbericht,
b) einen Bericht in der Ichform,
c) eine Erlebniserzählung.

a) Zeitungsbericht:

Der Pkw des 42-jährigen kaufmännischen Angestellten Norbert B., wohnhaft in Weidling, NÖ, wurde gestern Nachmittag um 15.00 Uhr im 13. Wiener Gemeindebezirk auf der Kreuzung Premreinergasse – Testarellogasse von dem Moped des 19-jährigen Studenten Anton H., wohnhaft in der Lindengasse im 7. Wiener Gemeindebezirk, angefahren. Der Lenker des Mopeds wurde über die Motorhaube des Pkw geschleudert. Die Insassen des Autos blieben unverletzt, der Lenker des Mopeds kam mit Prellungen und Abschürfungen davon.

b) Bericht in der Ichform:

Meine Eltern, meine Schwester und ich fuhren gestern Nachmittag zu meiner Taufpatin. Mein Vater blieb vorschriftsmäßig an der Kreuzung Premreinergasse – Testarellogasse stehen. Als er die Kreuzung überqueren wollte, kam aus der Testarellogasse ein Moped. Es war so schnell unterwegs, dass es mein Vater nicht rechtzeitig hatte sehen können. Das Moped prallte an das rechte Vorderrad unseres Autos. Der 19-jährige Lenker, der durch die Luft geschleudert wurde, kam glücklicherweise mit Prellungen und Abschürfungen davon. Mein Vater verständigte sofort die Polizei. Nachdem sich der Lenker des Mopeds etwas erholt hatte, bekannte er sich der Polizei gegenüber schuldig und gab zu, viel zu schnell gefahren zu sein.

c) Erlebniserzählung

An einem Samstagnachmittag fuhr ich mit meiner Familie mit dem Auto zu meiner Taufpatin. An einer Kreuzung blieb Papa stehen und schaute, ob ein Fahrzeug käme. Die Straßen waren leer, und Papa wollte die Kreuzung überqueren. Dazu kam es aber leider nicht, denn aus der Quergasse raste ein Moped. Mein Papa bremste. Doch zu spät! Das Moped prallte gegen das rechte Vorderrad unseres Wagens, der Fahrer wurde durch den Aufprall durch die Luft geschleudert und landete schließlich auf der anderen Seite unseres Autos. Das alles geschah in Bruchteilen einer Sekunde. Meine Mutter schrie auf, meine kleine Schwester fing zu weinen an. Ich musste mich sehr zusammennehmen, um nicht auch zu weinen.
Papa sprang aus dem Auto, um dem Mopedfahrer Hilfe zu leisten. Doch dieser stand schon wieder auf den Beinen, worüber ich sehr erstaunt war. Er war mit Prellungen und Abschürfungen davongekommen. Uns war zum Glück nichts passiert.
Der Mopedfahrer war sehr blass und zitterte am ganzen Körper. Nach einigen Minuten hatte er sich von dem erlittenen Schock so weit erholt, dass er sprechen konnte. Er gab zu, den Unfall durch zu schnelles Fahren verursacht zu haben. Mein Vater verständigte die Polizei, die bald am Unfallort eintraf und alle Beteiligten genau ausfragte. Nach der Beweisaufnahme durch die Polizei setzten wir die Fahrt fort.

Ein Bericht soll informieren, genau und sachlich sein und keine direkte Rede beinhalten.
Eine Erlebniserzählung soll unterhalten, spannend und interessant sein und einen Höhepunkt, eine Pointe haben.

a) Einen Bericht und
b) eine Erlebniserzählung über das Thema „Ein Unfall, den ich erlebte“ schreiben! Vor dem Verfassen der Texte Gliederungen aufstellen!

Für den Bericht:

Einleitung:	Wann ist der Vorfall passiert? Wo ist er passiert? Wer war bei dem Vorfall dabei?
Hauptteil:	Darstellung des Vorfalls
Schluss:	Folgen

Für die Erlebniserzählung:

Einleitung:	Eine direkte Rede der Hauptperson, ein Ausruf oder Ort- und Zeitangaben, die zum Thema hinführen und zum Weiterlesen anregen
Hauptteil:	Ort- und Zeitangaben, wenn sie in der Einleitung noch nicht erfolgt sind, Personenangaben, Vorfall mit Höhepunkt
Schluss:	Pointe, eine abschließende Zusammenfassung oder eine Kritik

> **Erlebniserzählungen** und **Berichte** schreibt man in der Mitvergangenheit.

Da den Sprachrobotern trotz Zeitschaltknopf manche irdische Ausdrücke nicht so geläufig sind und sie sich etwas schwertun, ihre schriftlichen Aufgaben auszuführen, führt ein Sprachgelehrter einige Wortschatz- und Stilübungen mit ihnen durch.

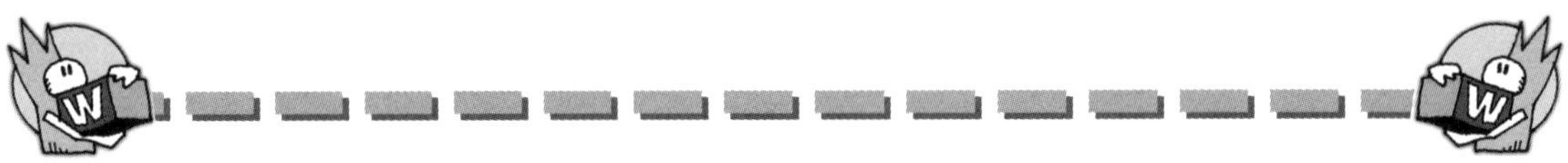

> Wir sind die Wieder-Holer!

a) Sinnverwandte Wörter für „davonlaufen“ finden!
Zum Beispiel: *flüchten …*

b) Nomen nennen, die man im Straßenverkehr braucht!
Zum Beispiel: *Zebrastreifen, Verkehrskontrolle, Gehsteig …*

c) Wie soll ein Autofahrer sein? Die unpassenden Wörter durchstreichen!
überlegt, unaufmerksam, zerfahren, vernünftig, betrunken, ausgeschlafen, ernst, übermüdet

Den Nomen (Hauptwörtern) die entsprechenden Erklärungen zuordnen! Die zwei fehlenden Erklärungen selbst formulieren!

Notruf ... gibt es für Feuerwehr, Polizei und Rettung.

Unfallauto ...	*... braucht ein fahrendes Auto, um zum Stehen zu kommen.*
Zebrastreifen...	*... ist für Fußgänger zum Überqueren der Straße.*
Verkehrsvorschrift ...	*... ist ein Auto, das in einen Unfall verwickelt ist.*
Bremsweg ...	*... wird vom Gesetzgeber erlassen.*
Höchstgeschwindigkeit ...	*... ist die höchste erlaubte Fahrgeschwindigkeit.*
Führerschein ...	*... muss bei Unfällen aufgestellt werden.*
Notdreieck ...	*...*
Erste Hilfe ...	*...*

Folgendes Silbenrätsel lösen!

am	*bahn*	*brem*	*der*	*alu*	*ein*	*el*	*fahr*	*im*	
ne	*nie*	*mer*	*pan*	*pel*	*rad*	*rad*	*rä*	*rot*	
sat	*mi*	*ni*	*sen*	*tel*	*ten*	*tern*	*tre*	*um*	*zahn*

1. Wie heißen wesentliche Teile einer Gangschaltung?
2. Wie heißt eine Straße, die nur in einer Fahrtrichtung benützt werden darf?
3. Was muss hundertprozentig funktionieren, dass man mit einem Fahrzeug zum Stehen kommt?
4. Welches Licht ist bei jeder Ampel an oberster Stelle?
5. Womit sind viele wichtige Kreuzungen ausgestattet?
6. Worauf sitzt der Radfahrer?
7. Welche Bewegung wird beim Radfahren ausgeübt?
8. Was tritt ein, wenn man sich beim Radfahren einen Nagel einfährt?
9. Wer ist verantwortlich, wenn ein Kind in einen Unfall verwickelt ist?
10. Wann muss man im Verkehr aufpassen?
11. Mit welchem Fahrzeug darf sich ein Jugendlicher zum ersten Mal im Straßenverkehr bewegen?
12. Aus welchem Material ist ein Fahrrad zumeist hergestellt?
13. Wann darf man betrunken Auto fahren?

Die Anfangsbuchstaben ergeben die Bezeichnung für einen Schutzweg für Fußgänger.

Bei Berichten kommen des Öfteren **Stopfsätze** vor, das sind überlange Sätze, in die alle Informationen hineingestopft werden.

Zum Beispiel:
Gestern Früh um 9.00 Uhr wurde der in Neuwaldegg wohnhafte Student Peter B. auf der Fahrt zur Universität von einem vom 46-jährigen Chauffeur Thomas M. aus Sankt Pölten gelenkten, mit Schutt beladenen Lastkraftwagen mitgerissen und mit seinem Fahrrad zur Seite geschleudert und schwer verletzt.

Solche Stopfsätze sind unbedingt zu vermeiden. Man sollte sie in ihre Bestandteile zerlegen, mehrere Sätze daraus formen und Ergänzungen in Gliedsätzen unterbringen.

Etwa so:
Gestern Früh um 9.00 Uhr fuhr der Student Peter B. mit seinem Fahrrad von seiner Wohnung in Neuwaldegg zur Universität. Er wurde von einem Lastkraftwagen, der von dem 46-jährigen Thomas M. aus Sankt Pölten gelenkt wurde, mitgerissen und schwer verletzt.

Folgenden Stopfsatz auflösen!

Der 29-jährige Norbert B. wurde in der Nacht vom 8. zum 9. September in der Kurzbauergasse im 2. Wiener Gemeindebezirk mit seinem Motorrad von dem 42-jährigen Heinz G. mit dessen Pkw angefahren und ins Schleudern gebracht, kam zu Sturz und wurde schwer verletzt ins nächstgelegene Krankenhaus eingeliefert.

Nicht nur Stopfsätze, auch **Schachtelsätze** sind zu vermeiden. In diesen sind die Gliedsätze so verschachtelt, dass man den Sinn nur schwer verstehen kann.

Zum Beispiel:
Der Radfahrer fuhr mit hoher Geschwindigkeit, die er immer mehr steigerte, je mehr es bergab ging, die Bergstraße, die schlecht ausgebaut war, bergab.

Dieser Schachtelsatz könnte so aufgelöst werden:
Der Radfahrer fuhr die Bergstraße bergab. Sie war schlecht ausgebaut. Trotzdem steigerte er seine Geschwindigkeit immer mehr, je mehr es bergab ging.

a) Eine andere Möglichkeit finden, diesen Schachtelsatz aufzulösen!
b) Auch den folgenden Satz auflösen!

Peter, der etwas älter als seine Schulkollegen ist und ihnen ein Vorbild sein sollte, warf, obwohl er ermahnt wurde, es zu unterlassen, immer wieder Papierflugzeuge durch die Klasse.

Auch **„Vorreiter"** (es ist bekannt, es ist sicher ...) sollte man vermeiden.

Sätze mit „Vorreitern":	Von einem Sprachgelehrten verbesserte Sätze:
Es ist bekannt, dass am 23. 12. die Weihnachtsferien beginnen.	*Bekanntlich beginnen am 23. 12. die Weihnachtsferien.*
Es scheint, dass bald Schnee kommt.	*Anscheinend kommt bald Schnee.*
Was die Angelegenheit betrifft, möchte ich nichts sagen.	*Über diese Angelegenheit möchte ich nichts sagen.*
Es ist sicher, dass ich kommen darf.	*Ich darf sicher kommen.*
Der Umstand, dass du kommen kannst, freut mich.	*Dass du kommen kannst, freut mich.*
Die Absicht, dass du verreist, kannte ich nicht.	*Ich wusste nicht, dass du verreisen wirst.*

Folgende Sätze verbessern!

Was die Angelegenheit betrifft, konnte ich nichts sagen.
Es scheint, dass er nichts gewusst hat.
Die Absicht, dass er die Schule wechselt, hat er noch nicht lange.
Der Umstand, dass du das Buch vergessen hast, ist unangenehm.
Es ist sicher, dass der Nachmittagsunterricht ausfällt.
Es ist bekannt, dass kein Meister vom Himmel gefallen ist.

Zeitungsberichte schreiben! Zwei der folgenden Themen auswählen:

Ein Verkehrsunfall   Ein Bergunfall   Eine Theatervorstellung

Für Fortgeschrittene oder sehr Fleißige:

Aus der Zeitung knappe Berichte aussuchen und in Berichte in der Ichform umschreiben!

Weitere Themen für Berichte:

Eine Schulstunde   Eine Skiwoche   Besuch im Tiergarten
Ein Streitfall   Eine Verfolgungsjagd   Ein Unfall im All
Ankoppelungsprobleme auf einer Raumstation

BESCHREIBEN EINES GEGENSTANDES

Zum Beispiel:

Verlustanzeige

Verlorener Gegenstand: Turnschuhe
Größe: 39
Farbe: weiß, seitlich blaue Streifen
Obermaterial: Leder
Sohle: Profilsohle, Plastik
Schuhbänder: weiß
Verloren am 3. September 2010
Wahrscheinlicher Verlust: im Autobus

Ein weiteres Beispiel:
Gegenstand: Raumanzug für einen 1,90 m großen Menschen
Material: leicht
Farbe: weiß
mit Gesichtmaske
abdichtend
...

a) Obige Gegenstandsbeschreibung in Schlagworten fortsetzen!
b) Weitere Verlustanzeigen in Schlagworten über folgende Themen verfassen!

Eine verlorene Schultasche   Ein verlorenes Buch
Ein verschwundenes Auto

Auf den Bildschirmen erscheint nun eine ausgearbeitete ausführliche Beschreibung eines Teppichs, die ein Mädchen vor 1500 Jahren verfasst hat.

Unser Teppich

In unserem Wohnzimmer liegt ein großer Teppich. Er ist handgeknüpft und stammt aus dem Iranischen Hochland. Die vorherrschenden Farben sind Blau, Schwarz und Dunkelrot. In sehr bescheidenem Ausmaß sind auch weiße Fäden vertreten. Der äußere Rand besteht aus sternartigen Ornamenten. Dann folgen nach innen zu regelmäßige Bordüren, in denen Dreiecke vorkommen. Die innere Fläche ist großräumiger angelegt. Der Untergrund ist dunkelblau. Auf ihm scheinen verschiedene rote Figuren auf. Die hervorstechenden Formen sind drei Rhomben, in die eigenartige Kreuzbildungen geknüpft sind.
Der gesamte Teppich wirkt dunkel und ruhig.

> Beginn und Schluss einer Gegenstandsbeschreibung können persönlich gestaltet sein.
> Im Hauptteil beschreibt man zuerst das Allgemeine, dann die Einzelheiten.
> Nebensächliches soll man vernachlässigen.
> **Keinen Vorgang schildern!**

Die Bilder auf der nächsten Seite genau betrachten. Nach dem Beispiel auf Seite 34 in Stichworten eine Stoffsammlung schreiben. Die Stichwörter gliedern. Zuletzt die beiden Gegenstände beschreiben!

Ein anderes Mädchen hat im Jahr 2010 ihr Zimmer beschrieben:

Mein Zimmer

Wenn man in mein Zimmer kommt, fällt gleich eine schräge Wand auf, die mit etwa zehn Zentimeter breiten Holzdielen vertäfelt ist. Diese und die Raufasertapete, mit der mein Zimmer tapeziert ist, sind in einem matten Mittelbraun gehalten und vermitteln einen angenehm traulichen Eindruck.
Auf der einen Seite der Tür, in einer Art Nische, steht ein brauner Kasten, der mit einigen Pferdepostern beklebt ist. Er ist schon alt und gehört zu meinem Zimmer wie ich zur Familie. Ihm gegenüber befinden sich zwei Bücherkästen, auf denen verschiedene kleine Andenken aufgebaut sind. Zwischen dem Kasten und den Bücherkästen liegt ein langhaariger weißer Teppich. Daneben stehen ein aus hellbraunem Bambus angefertigter Tisch mit einer dunklen, dicken Glasplatte und zwei ebenfalls aus Bambus gefertigte Stühle, über die zwei kurzhaarige weiße Schafpelze gebreitet sind. Zum Lesen am Abend steht neben den Stühlen eine Stehlampe mit orangefarbenem Schirm, welcher die Farbe der Vorhänge und des Bettüberzugs wiederholt.
Neben dem Bett unter der schrägen Wand steht ein Nachtkästchen mit Digitaluhr und Lampe. Wenn in der Früh mein Wecker läutet und ich schnell aufspringe, schlage ich mir, wenn ich nicht aufpasse, meinen Kopf an der schrägen Wand an.
In meinem Zimmer schaut es sehr gemütlich aus, und ich bin glücklich, dass ich hier wohnen darf.

Eines der angegebenen Themen auswählen und eine Beschreibung verfassen!

Mein Zimmer   Mein Schreibtisch   Unser Schulhaus
Ein Haushaltsgerät   Mein Fahrrad   Mein Raumfahrzeug

Fleißige können auch eine zweite und dritte Arbeit schreiben.

Die Roboter zeigen sich an allem sehr interessiert, was auf der Erde lebt. Darum lesen sie Tier- und Pflanzenbeschreibungen besonders gerne.
Zunächst erscheint auf ihren Bildschirmen die Beschreibung einer entlaufenen Katze in Schlagworten:

Alter: 2 Monate
Farbe: grau-schwarz getigert
Augenfarbe: hellgrau
Länge: ca. 25 cm
Sonstiges: trägt ein rotes Halsband und hört auf den Namen Mauzi
Seit 5. Oktober abgängig, abzugeben bei Alexandra Binder, Grabengasse 5, Burgkirchen

Dann folgt die ausführliche Beschreibung des Kätzchens:

Mir ist meine kleine Katze Mauzi entlaufen. Leider ist sie noch sehr jung und findet deshalb nicht mehr nach Hause. Sie ist grau-schwarz getigert und hat hellgraue Augen. Sie ist ungefähr 25 cm lang.
Leicht erkennbar ist sie an ihrem roten Halsband.
Seit 5. Oktober ist sie nicht mehr zu Hause. Sie war sonst immer in der Wohnung oder im Garten. Wer hat mein Kätzchen gesehen? Wer weiß, wo es sich befindet? Bitte, bringen Sie es mir wieder!
Danke!

Alexandra Binder
Grabengasse 5, Burgkirchen

Nach den obigen Angaben ebenfalls eine Beschreibung verfassen!
Adresse und Datum nicht vergessen!
Eventuell auch ein anderes Tier beschreiben!

Ein Bub aus dem Jahr 2010, er hieß Andreas, hat einen Vogel beschrieben:

Der Buchfink

Dieser Vogel ist nicht groß, hat aber ein sehr würdiges Auftreten, besonders das Männchen. Es ist schlank und hat für seinen Körper sehr dünne und kleine Beine.

Mich wundert, dass diese schmächtigen Beine das Gewicht des Körpers tragen können. Die orange Brust- und Bauchfarbe wird gegen den Schwanz zu fast weiß. Die kleinen Augen, die schwarz und stechend hervorblitzen, umgibt ein orangefarbener gescheckter Fleck. Im Gegensatz zu dem kleinen Kopf fällt ein verhältnismäßig großer, grauweißer Schnabel auf. Die weinroten Rückenfedern heben sich stark von den weiß, schwarz und beige gefärbten Flügeln ab.

Der Bub hat den Buchfinken sehr ausführlich beschrieben.
Er schrieb von den äußeren Umrissen des Vogels,
von seinem Gewicht,
von seinem Gefieder und der Färbung,
von den Augen, dem Kopf, dem Schnabel,
von den Rückenfedern und den Flügeln.

a) Einen Vogel beschreiben! (Man kann eine Abbildung zu Hilfe nehmen!)
b) Auch ein Haustier beschreiben!

Andreas' Freund Wolfgang hat sehr genau eine Türkenbundlilie beschrieben:

Die Türkenbundlilie

Der Stängel dieser Blume ist hellbraun und dünn. An ihm sind einige hell- und dunkelgrüne Blätter. Doch ganz unten, wo der Stängel aus der Erde kommt, befindet sich ein großes, schwertförmiges, dunkelgrünes Blatt. Ein Stängel trägt ungefähr zwei bis drei Blüten. Diese sind fleischrot und dunkelrot getupft und nach oben gebogen. Man könnte sie mit einem Turban vergleichen.
Der Fruchtknoten ist ganz versteckt, nur der dunkelbraune Stempel und die Staubgefäße sind sichtbar. Die Staubfäden sind fast durchsichtig und haben dunkelrosa Staubbeutel. Über dieser prachtvollen Blüte hängt wie ein Dach ein dünnes, hellgrünes Blatt.
Auf mich macht diese Blume einen majestätischen Eindruck. Sie wirkt etwas traurig und mutlos, weil ihre Blüten herunterhängen, als seien sie über ihre Pracht unglücklich.

Eines der folgenden Themen auswählen und eine Beschreibung verfassen!

Ein Blumenstrauß   Die alte Linde (Eiche)   Ein verwilderter Garten

BESCHREIBEN DES VERHALTENS EINES TIERES

Man kann nicht nur das Aussehen, sondern auch das Verhalten eines Tieres beschreiben.

Zum Beispiel:

Eine Meise auf Futtersuche

Gerade ist sie von einer dicken Amsel aus dem Futterhäuschen vertrieben worden. Aufgeregt und unruhig hüpft die Meise in der Nähe des Futterplatzes hin und her. Sie schlägt etwas mit den Flügeln und wartet ungeduldig, wann sie nun fressen darf. Doch die Amsel lässt sich Zeit und frisst und frisst. Sie äugt scharf nach allen Richtungen und schaut, dass sich ja kein anderer Vogel nähert.
Jetzt scheint es, dass sie ihr Mahl beendet hat. Sie fliegt ein Stückchen weg und wartet. Die Meise hüpft, nachdem sie sich nach der im Dickicht versteckten Amsel umgeschaut hat, ängstlich auf das Futterhäuschen zu. Aber da ist schon die gierige Amsel zur Stelle und vertreibt die hungrige Meise wieder.
Wird es der Meise heute noch gelingen, ein paar Körner zu ergattern?

Verben, die Tierlaute bezeichnen:

Verb:	Tier:
bellen, winseln, knurren	*Hund*
miauen	*Katze*
gackern	*Huhn*
krähen	....
krächzen	....
wiehern	....
schreien	....

quaken ....

quieken ....

grunzen ....

piepsen ....

brüllen ....

....

Die Liste fortsetzen!

Das Verhalten eines Tieres beschreiben,
wenn es zeigen will, dass es hungrig ist!

Katze: ....

Hund: ....

Sittich: ....

Goldfisch: ....

wenn es zeigen will, dass es sich freut!

Katze: ....

Hund: ....

....

....

wenn es zeigen will, dass es sich unterwirft!

Katze: ....

Hund: ....

....

....

wenn es zeigen will, dass es menschliche Hilfe braucht!

Katze: ....

....

Hund: ....

....

a) Ein Tier während einer typischen Tätigkeit beschreiben!
b) Aus den folgenden Themen eines auswählen und eine Beschreibung verfassen!

Im Safaripark	Im Elefantenhaus	Beim Tierarzt

Achtung! Stets genau und anschaulich, abwechslungsreich und in der Gegenwart schreiben.

BESCHREIBEN EINES VORGANGS

Vor etwa 1500 Jahren haben irdische Kinder in einem Spielzeuggeschäft mit Elektroautos ein Rennen veranstaltet. Einer der Buben schrieb einem Freund darüber.

Lieber Peter,

wir waren heute in einem Spielzeuggeschäft und durften mit Elektroautos ein Rennen veranstalten. Wolfgang bekam einen Mercedes, Hiro einen Ferrari, und ich suchte mir einen weißen Porsche aus.
Es war eine große Achterschlange gelegt. Mitten auf der geraden Strecke starteten wir. Mein Porsche sauste den anderen herrlich davon, doch blieb ich schon in der ersten Kurve hängen. Ich drehte den Wagen wieder in die Fahrtrichtung und fuhr den anderen nach, die meinen Porsche überholt hatten. Noch dreimal fuhr ich in den Kurven an die Bande, doch dann verminderte ich immer rechtzeitig die Geschwindgkeit, damit der Wagen nicht mehr zum Stehen kam. Allmählich holte ich den Mercedes ein. Der Ferrari war aber

weit voraus. Hiro steuerte ihn sehr überlegt. Auf den geraden Strecken gelang es mir, immer näher zu kommen. Ich war sehr aufgeregt, aber ich wusste, dass ich in den Kurven vorsichtig sein musste und mir keinen Fehler erlauben durfte. Da streifte der Ferrari die Bande, und es drehte ihn um seine Achse. Das war meine Chance, ich zischte vorbei. Von da an konnte ich meinen Porsche vorne halten und wurde Sieger.

Liebe Grüße
dein Andreas

In Briefen dürfen die Anredepronomen du und ihr mit ihren Possesivpronomen auch großgeschrieben werden.

Ebenfalls in Briefform
a) ein anderes Autorennen beschreiben!
b) Beschreiben, wie die Landung eines Raumfahrzeugs vor sich gehen könnte!

ERKLÄREN: REZEPT UND ANLEITUNG

Es gibt auch sehr sachliche Vorgangsbeschreibungen.
Dazu gehören Rezepte und Anleitungen.

Ein Kochrezept:

Rindsgulasch

25 dag Zwiebeln werden blättrig geschnitten und in 5 dag Fett (heiß!) gelb angeröstet. Dazu kommen Paprika, ein Spritzer Essig, 60 dag Rindfleisch (Wadschinken), großwürfelig geschnitten, gehackter Kümmel, Majoran, Salz und Wasser. Das Fleisch wird weich gedünstet. Wenn der Saft klar geworden ist, staubt man mit 4 dag Mehl (glatt), das man anrösten lässt, gießt mit Wasser (oder Rindsuppe) auf und lässt den Saft aufkochen.
Beilage: Salzerdäpfel oder Nockerln.

Beim Verfassen eines Kochrezepts muss man genau wissen, welche **Zutaten** man in welcher Menge benötigt. Außerdem muss bei der Zubereitung eines Gerichts unbedingt die **richtige Reihenfolge** eingehalten werden.

Eine Spielanleitung:

Über das Quartettspielen

Am Quartettspiel können sich beliebig viele Spieler beteiligen, doch sollten es mindestens drei sein. Nachdem die Karten gemischt wurden, werden sie an die Spieler verteilt, die nun sofort nachsehen, ob sie ein Quartett haben, das aus vier zusammengehörigen Karten besteht. Wenn dies der Fall ist, können sie diese Karten zur Seite legen. Jeder Spieler muss nun durch Fragen versuchen, die ihm fehlenden Karten von den anderen Spielern zu bekommen. Hat der Gefragte die verlangte Karte, muss er sie hergeben und der Fragende darf weiterfragen. Wer die verlangte Karte nicht hat, darf weiterfragen.
Es ist sehr ratsam, während des Spiels gut zuzuhören, denn es ist dann leicht herauszufinden, wer die Karte hat, die man sucht.
Gewinner dieses Spiels ist der, der zum Schluss die meisten Quartette besitzt.

Für eine Spielanleitung lässt sich folgende Gliederung verwenden:

Einleitung:	Name des Spiels Erklärung des Namens Spielgedanke
Hauptteil:	Wie viele Teilnehmer sind notwendig? Was braucht man dazu? Erklärung der Spielregeln
Schluss:	Ziel des Spiels, Sinn des Spiels

Spielanleitungen schreiben! Hier einige Vorschläge:

Dame   Memory   Mikado   Mensch ärgere dich nicht

BESCHREIBEN EINER PERSON

Bei der mündlichen Beschreibung einer Person kann es leicht passieren, dass man äußere Merkmale, Verhaltenseigenschaften usw. bunt gemischt schildert. Bei einer schriftlichen Beschreibung ist dies aber nicht erlaubt.

Eine **schriftliche Beschreibung** muss **geordnet** sein. Am besten beschreibt man zunächst das **Aussehen**, dann das **Verhalten**, dann die **Begabungen** und **Interessen**.
Die Zeitstufe, die man verwendet, ist die **Gegenwart**.

Zum Beispiel:

Mein Bruder

Mein Bruder heißt Alexander, wird aber nur Sascha gerufen. Er ist zwölf Jahre alt und 1,45 m groß. Seine Haare liegen ganz kurz geschnitten an seinem Kopf. Seine Augen sind braun wie seine Haare und lachen spitzbübisch. Sascha hat einige kleine Narben im Gesicht, die von früheren Spitzbübereien herrühren. Diese machen sein Gesicht lustig.
Mein Bruder ist im Gegensatz zu mir sehr schlank und beweglich. Vom Sport kann er nicht genug bekommen, deswegen hat er auch fast immer eine Verletzung.
Ich habe meinen Bruder sehr gerne, doch ärgert er mich oft. Unsere Mutti sagt dann immer: „Jetzt geht es wieder los!" Das ist wahr, denn wir zwei raufen oft und hören nicht mehr auf. Doch anschließend vertreiben wir uns wieder die Zeit miteinander.

Die Hobbys meines Bruders sind Fußball und Turnen. Über das Erste können wir uns sehr erhitzen, denn er ist ein Rapid-Anhänger, während ich ein Austria-Fan bin. Es ist logisch, dass wir darüber sehr oft streiten.
Oft sitzt er an seinem Arbeitstisch und knetet Tonfiguren oder er zeichnet Tiere. Das kann er sehr gut, und ich bewundere ihn wegen dieser Fertigkeiten.

Folgende Wortfelder ergänzen und ordnen!
Sie helfen, einen Menschen treffend zu beschreiben.

a) liebenswert, freundlich, angenehm, offen, hinterhältig, kameradschaftlich, schadenfroh, egoistisch, gemein …
b) freigiebig, geizig, sparsam, genügsam, großzügig, neidig …

Mit ein oder zwei Sätzen die einzelnen Gesichter beschreiben!

1. Aus den Augen dieses Buben lacht der Schalk.
   Er ist sehr fröhlich und immer voll lustiger Pläne.

2. ....

3. ....

4. ....

5. ....

6. ....

Verben der Wahrnehmung

a) **hören:** *horchen, lauschen, abhören, erlauschen,* ....

b) **sehen:** *schauen, blicken, blinzeln, gucken, spähen,* ....

c) **greifen:** *tasten, fühlen, berühren, spüren, angreifen,* ....

d) **riechen:** *duften, stinken,* ....

a) Die Reihen fortsetzen! Die Verben müssen nicht bedeutungsgleich sein, sollen jedoch in den jeweiligen Wahrnehmungsbereich passen.
b) Je zwei Sätze mit Verben aus den Gruppen a bis d bilden.

Eine Person beschreiben! Dabei aus den folgenden Themen zwei auswählen.
Nicht beleidigend sein, der andere ist dafür dankbar.

Mein großes Vorbild   Meine Großmutter   Ein Verwandter   Mein(e) Freund(in)
Ein Außerirdischer   Ein Mensch, den ich bewundere

VOM BESCHREIBEN ZUM CHARAKTERISIEREN

Mit ein bis drei Sätzen eine Person beschreiben, die folgende Eigenschaften besitzt:

trotzig

Meine Freundin Maria kann sehr trotzig sein. Sie bekommt dann einen hochroten Kopf und spricht mit niemandem mehr. Meist sperrt sie sich in ihr Zimmer ein und lässt sich lange bitten, bis sie wieder mit uns spielt.

gemein
lustig
kameradschaftlich
hinterhältig

Wie kann man sich folgende Menschen vorstellen? Ganze Sätze schreiben! Es geht dabei nicht mehr um äußere Merkmale, sondern um die Charaktere der Menschen. Äußerlichkeiten sind nur zu erwähnen, wenn sie typisch sind und zum Verständnis des Charakters beitragen.

Einem Witzbold	*fällt immer etwas Humorvolles ein.*
Ein Querkopf	*ist von vornherein mit den Vorschlägen der anderen nicht einverstanden.*
Ein Streithansl	*ist jemand, der* ....
Ein Streber	....
Eine Heulsuse	....
Ein Modepüppchen	....
Ein Muttersöhnchen	....

Das Gegenteil zu folgenden Ausdrücken suchen!

widersprechen	*mit allem einverstanden sein*
nachgeben	....
leichtsinnig sein	....
Böses nachsagen	....
bewundern	....

Das Gegenteil bilden zu:

besonnen	....
engherzig	....
großzügig	....
misstrauisch	....
wehleidig	....
gesellig	....
töricht	....
bedrückt	....
beherzt	....

Folgende Wortfelder ordnen!

a) *launisch, heiter, traurig, fröhlich, zornig, wütend, mürrisch, lustig, ernst, bitter, barsch, herzlich, gütig, munter, verärgert*

b) *nachdenklich, misstrauisch, beherzt, abwartend, bedrückt, grübelnd, vertrauensselig*

c) *hilfsbereit, verschlagen, egoistisch, brutal, weich, hart, schwach, neidisch, schadenfroh, missgünstig, korrekt, gutartig, bösartig, berechnend, vertrauenswürdig*

Das Wortfeld bilden von: freundlich – unfreundlich!
Man kann dabei bereits genannte Wörter verwenden.

....

....

Den Fremdwörtern die deutschen Wörter zuordnen, indem man die entsprechende Nummer vor die deutschen Wörter setzt!

1 modern	*spaßig*
2 elegant	*neuzeitlich*
3 interessant	*kennzeichnend*
4 komisch	*eingebildet*
5 prima	*beachtenswert*
6 originell	*erstklassig*
7 radikal	*unmittelbar*
8 direkt	*rücksichtslos*
9 typisch	*erlesen*
10 arrogant	*einzigartig*

Auf den Bildschirmen der Roboter erscheinen nun Texte, wie Buben und Mädchen im Jahr 2010 das Verhalten ihrer Mitschüler vor einer Schularbeit **charakterisierten**. Trotz des Zeitschaltknopfes hinter dem linken Ohr, der den Robotern das Verständnis für vergangene Zeiten und vergangenes Denken eingibt, lesen sie mit einigem Kopfschütteln.

Stoffsammlung:

einige rechnen an der Tafel oder auf Zetteln in den Bänken,
andere versuchen sich abzulenken,
man fragt sich Formeln oder Vokabel ab,
man läuft schnell auf die Toilette,
manche suchen etwas,
einige stehen vor der Tür, um den Lehrer kommen zu sehen,
man verfasst Schwindelzettel,
man hofft noch, die letzten Unklarheiten zu beseitigen,
man hat Angst, nicht das Richtige zu können …

Ausarbeitung:

Einleitung:
Vor einer Schularbeit herrscht bei uns meist große Aufregung. Besonders wenn es um Mathematik oder Englisch geht, sind die meisten sehr nervös.

Hauptteil:
Manche ertragen die wenigen Minuten vor der Schularbeit mit gekünstelter Ruhe. Die meisten wollen aber noch im letzten Augenblick etwas dazulernen. Die einen rechnen an der Tafel wild durcheinander, die anderen auf Zetteln in den Bänken. Einige fragen einander Formeln oder Vokabel ab. Vor allem schreien alle durcheinander. Sie sind nervös und aufgeregt und haben die Sorge, vielleicht doch nicht alles richtig verstanden zu haben. Außerdem kann man sich verrechnen oder die Angaben nicht richtig verstehen. Da laufen ein paar noch auf die Toilette, andere stehen vor der Tür, um das Herannahen des Lehrers melden zu können. Immer gibt es welche, die noch etwas suchen oder eine Frage beantwortet haben wollen.

Schluss:
Es ist fast eine Erlösung, wenn endlich der Lehrer kommt, die Hefte austeilen lässt und die Themen vergibt. Erst wenn wir die Aufgaben oder Themen vor uns liegen haben und zu arbeiten beginnen, legt sich unsere Aufregung.

Ein oder mehrere Themen auswählen und die Person oder die Situation charakterisieren!

Beim Kartenspielen — Im Wartezimmer — Vor dem Start
Ein Mensch, der mir auffiel — Ein unerwünschter Gast

In den literarischen Werken gestalten die Dichter Persönlichkeiten.
Die Buben und Mädchen vor etwa 1500 Jahren mussten Balladen auswendig lernen und dann schreiben, wie sie sich die Charaktere in den Balladen vorstellen.

Theodor Fontane

Gorm Grymme[1]

König Gorm herrscht über Dänemark,
Er herrscht die dreißig Jahr,
Sein Sinn ist fest, seine Hand ist stark,
Weiß worden ist nur sein Haar,
Weiß worden sind nur seine buschigen Brau'n,
Die machten manchen stumm,
In Grimme liebt er drein zu schaun, –
Gorm Grymme heißt er drum.

Und die Jarls kamen zum Feste des Jul,
Gorm Grymme sitzt im Saal,
Und neben ihm sitzt, auf beinernem Stuhl,
Thyra Danebod, sein Gemahl;
Sie reichen einander still die Hand
Und blicken sich an zugleich,
Ein Lächeln in beider Auge stand –
Gorm Grymme, was macht dich so weich?

Den Saal hinunter, in offner Hall',
Da fliegt es wie Locken im Wind,
Jung-Harald spielt mit dem Federball,
Jung-Harald, ihr einziges Kind,
Sein Wuchs ist schlank, blond ist sein Haar,
Blau-golden ist sein Kleid,
Jung-Harald ist heut fünfzehn Jahr,
Und sie lieben ihn allbeid'.

1 Aus: Beate Pinkerneil (Hg.), Das große deutsche Balladenbuch, Athenäum, 1978

Sie lieben ihn beid'; eine Ahnung bang
Kommt über die Königin,
Gorm Grymme aber den Saal entlang
Auf Jung-Harald deutet er hin,
Und er hebt sich zum Sprechen – sein Mantel rot
Gleitet nieder auf den Grund:
„Wer je mir spräche ‚er ist tot',
Der müsste sterben zur Stund'!"

Und Monde gehn. Es schmolz der Schnee,
Der Sommer kam zu Gast,
Dreihundert Schiffe fahren in See,
Jung-Harald steht am Mast,
Er steht am Mast, er singt ein Lied,
Bis sich's im Winde brach,
Das letzte Segel, es schwand, es schied –
Gorm Grymme schaut ihm nach.

Und wieder Monde. Grau-Herbstestag
Liegt über Sund und Meer,
Drei Schiffe mit mattem Ruderschlag
Rudern heimwärts drüber her;
Schwarz hängen die Wimpel; auf Brömsebro-Moor
Jung-Harald liegt im Blut –
Wer bringt die Kunde vor Königs Ohr?
Keiner hat den Mut.

Thyra Danebod schreitet hinab an den Strand,
Sie hatte die Segel gesehn;
Sie spricht: „Und bangt sich euer Mund,
Ich meld' ihm, was geschehn."
Ab legt sie ihr rotes Korallengeschmeid'
Und die Gemme von Opal,
Sie kleidet sich in ein schwarzes Kleid
Und tritt in Hall' und Saal.

In Hall' und Saal. An Pfeiler und Wand
Goldteppiche ziehen sich hin,
Schwarze Teppiche nun mit eigener Hand
Hängt drüber die Königin,

Und sie zündet zwölf Kerzen, ihr flackernd Licht,
Es gab einen trüben Schein,
Und sie legt ein Gewebe, schwarz und dicht,
Auf den Stuhl von Elfenbein.

Ein tritt Gorm Grymme. Es zittert sein Gang,
Er schreitet wie im Traum,
Er starrt die schwarze Hall' entlang,
Die Lichter, er sieht sie kaum,
Er spricht: „Es weht wie Schwüle hier,
Ich will an Meer und Strand,
Reich meinen rot-goldenen Mantel mir
Und reiche mir deine Hand."

Sie gab ihm um einen Mantel dicht,
Der war nicht golden, nicht rot,
Gorm Grymme sprach: „Was niemand spricht,
Ich sprech' es: Er ist tot."
Er setzte sich nieder, wo er stand,
Ein Windstoß fuhr durchs Haus,
Die Königin hielt des Königs Hand,
Die Lichter loschen aus.

❦

Die zwei folgenden Figuren charakterisieren: Nis Randers, Gorm Grymme (Seite 51ff.)!

Otto Ernst

Nis Randers[1]

Krachen und Heulen und berstende Nacht,
Dunkel und Flammen in rasender Jagd –
Ein Schrei durch die Brandung!

Und brennt der Himmel, so sieht man's gut:
Ein Wrack auf der Sandbank! Noch wiegt es die Flut;
Gleich holt sich's der Abgrund.

1 Aus: Beate Pinkerneil (Hg.), Das große deutsche Balladenbuch, Athenäum, 1978

Nis Randers lugt – und ohne Hast
Spricht er: „Da hängt noch ein Mann im Mast;
Wir müssen ihn holen.“

Da fasst ihn die Mutter: „Du steigst mir nicht ein:
Dich will ich behalten, du bliebst mir allein,
Ich will’s, deine Mutter!

Dein Vater ging unter und Momme, mein Sohn;
Drei Jahre verschollen ist Uwe schon,
Mein Uwe, mein Uwe!“

Nis tritt auf die Brücke. Die Mutter ihm nach!
Er weist nach dem Wrack und spricht gemach:
„Und seine Mutter?“

Nun springt er ins Boot, und mit ihm noch sechs:
Hohes, hartes Friesengewächs;
Schon sausen die Ruder.

Boot oben, Boot unten, ein Höllentanz!
Nun muss es zerschmettern ...! Nein: es blieb ganz! ...
Wie lange? Wie lange?

Mit feurigen Geißeln peitscht das Meer
Die menschenfressenden Rosse daher;
Sie schnauben und schäumen.

Wie hechelnde Hast sie zusammenzwingt!
Eins auf den Nacken des andern springt
Mit stampfenden Hufen!

Drei Wetter zusammen! Nun brennt die Welt!
Was da? – Ein Boot, das landwärts hält –
Sie sind es! Sie kommen! –

Und Auge und Ohr ins Dunkel gespannt ...
Still – ruft da nicht einer? – Er schreit’s durch die Hand:
„Sagt Mutter, ’s ist Uwe!“

❦

Achtung! Bei der Beschreibung der Personen sind das Äußere, die Stellung und das Verhalten zu beachten!

Ein Mädchen namens Irene hat über die Mutter von Nis Randers geschrieben:

Die Mutter von Nis Randers stelle ich mir alt, klein und mager vor. Ihr mit Runzeln und Falten bedecktes Gesicht blickt sorgenvoll und bekümmert drein. Ihre gebückte Haltung zeigt, dass sie viel Leid ertragen musste und dass auf ihr noch immer viele Sorgen lasten, vor allem die Angst um Nis Randers, der ihr als Einziger von ihren Lieben noch geblieben ist. Sie ist eine arme Frau, die ein arbeits- und entbehrungsreiches Leben hinter sich hat. Sie wehrt sich dagegen, Nis zu verlieren. Mit energischen, verzweifelten Worten versucht sie vergebens, ihn davon zurückzuhalten, sich in Lebensgefahr zu begeben. Aber ihre Klagen und Bitten schlägt Nis in den Wind.

Markus hat über die Mutter in „Gorm Grymme" geschrieben:

Ich stelle mir die Königin so vor: Sie ist eine sehr schöne, wenn auch nicht mehr ganz junge Frau, die es liebt, sich prachtvoll zu kleiden und wertvollen Schmuck zu tragen. Sie ist klug und gütig.
Ihrer hohen Stellung als Frau eines mächtigen Königs entspricht ihr majestätisches, würdevolles und doch stilles Verhalten. Aus Liebe zu ihrem Gemahl und aus kluger Überlegung meistert sie die Situation beim Eintreffen der Kunde vom Tod ihres heißgeliebten einzigen Sohnes, indem sie ruhig, ihren eigenen Schmerz nicht zeigend, dem König zu verstehen gibt, dass Jung-Harald tot ist. Sie erreicht damit, dass sich der König mit dem furchtbaren Verlust abfindet und Trost bei ihr sucht.

Gemeinsam verfassten sie als Schluss noch einen Vergleich der Mütter:

Diese beiden Mütter lieben ihre Söhne über alles. Sie unterscheiden sich durch ihre Stellung (Nis' Mutter ist eine arme Frau, Jung-Haralds Mutter ist eine mächtige Königin) und durch ihr Verhalten: Nis' Mutter gibt ihren starken Gefühlen mit Worten und Gesten deutlich Ausdruck, die Königin trägt vollkommen still und beherrscht den schweren Verlust ihres Kindes.

Adelbert von Chamisso

Das Riesenspielzeug[1]

Burg Niedeck ist im Elsass der Sage wohl bekannt,
Die Höhe, wo vorzeiten die Burg der Riesen stand;
Sie selbst ist nun verfallen, die Stätte wüst und leer;
Du fragest nach den Riesen, du findest sie nicht mehr.

Einst kam das Riesenfräulein aus jener Burg hervor,
Erging sich sonder Wartung und spielend vor dem Tor
Und stieg hinab den Abhang bis in das Tal hinein,
Neugierig zu erkunden, wie's unten möchte sein.

Mit wen'gen raschen Schritten durchkreuzte sie den Wald,
Erreichte gegen Haslach das Land der Menschen bald,
Und Städte dort und Dörfer und das bestellte Feld
Erschienen ihren Augen gar eine fremde Welt.

Wie jetzt zu ihren Füßen sie spähend niederschaut,
Bemerkt sie einen Bauer, der seinen Acker baut;
Es kriecht das kleine Wesen einher so sonderbar,
Es glitzert in der Sonne der Pflug so blank und klar.

„Ei! Artig Spielding!" ruft sie, „das nehm ich mit nach Haus."
Sie knieet nieder, spreitet behend ihr Tüchlein aus
Und feget mit den Händen, was da sich alles regt,
Zu Haufen in ein Tüchlein, das sie zusammenschlägt;

Und eilt mit freud'gen Sprüngen – man weiß, wie Kinder sind –
Zur Burg hinan und suchet den Vater auf geschwind:
„Ei Vater, lieber Vater, ein Spielding wunderschön!
So allerliebstes sah ich noch nie auf unsern Höhn."

Der Alte saß am Tische und trank den kühlen Wein,
Er schaut sie an behaglich, er fragt das Töcherlein:
„Was Zappeliges bringst du in deinem Tuch herbei?
Du hüpfest ja vor Freuden; lass sehen, was es sei'!"

Sie spreitet aus das Tüchlein und fängt behutsam an,
Den Bauer aufzustellen, den Pflug und das Gespann;

1 Aus: Beate Pinkerneil (Hg.), Das große deutsche Balladenbuch, Athenäum, 1978

Wie alles auf dem Tische sie zierlich aufgebaut,
So klatscht sie in die Hände und springt und jubelt laut.

Der Alte wird gar ernsthaft und wiegt sein Haupt und spricht:
„Was hast du angerichtet? Das ist kein Spielzeug nicht!
Wo du es hergenommen, da trag es wieder hin!
Der Bauer ist kein Spielzeug, was kommt dir in den Sinn!

Sollst gleich und ohne Murren erfüllen mein Gebot;
Denn wäre nicht der Bauer, so hättest du kein Brot;
Es sprießt der Stamm der Riesen aus Bauernmark hervor;
Der Bauer ist kein Spielzeug, da sei uns Gott davor!"

Burg Niedeck ist im Elsass der Sage wohl bekannt,
Die Höhe, wo vorzeiten die Burg der Riesen stand;
Sie selbst ist nun verfallen, die Stätte wüst und leer;
Und fragst du nach den Riesen, du findest sie nicht mehr.

Das Verhalten des Riesenfräuleins und das ihres Vaters in der Ballade „Das Riesenspielzeug" von Adelbert von Chamisso vergleichen! Beide charakterisieren!

Die Buben und Mädchen vor 1500 Jahren besuchten während der Unterrichtszeit auch hin und wieder ein Theater oder lasen in der Deutschstunde Dramen mit verteilten Rollen.
Nach einem Besuch von Johann Nestroys Posse „Einen Jux will er sich machen" hat ein Mädchen die Hauptfiguren folgendermaßen charakterisiert.

Herr Zangler *ist ein Gemüsekrämer in einer kleinen Stadt. Er hat wenig Kontakt mit seinen Nachbarn und ist ein Kleinbürger, der sehr energisch, zornig und wütend werden kann. Er glaubt, dass er die wichtigste Person ist.*

Weinberl *ist sein treuer Angestellter, der, bevor er von Herrn Zangler zum Associe ernannt wird, sich noch einen Jux machen will. Dazu lädt er Christopherl ein.*

Christopherl *ist der Lehrbub des Herrn Zangler. Er ist ziemlich unsicher, schließt sich immer Weinberl an und spricht diesem alles nach. Er möchte zwar mit Weinberl einen Jux machen, will aber sofort verschwinden, wenn es brenzlig wird.*

Melchior*, der Hausknecht, verwendet immer wieder denselben Ausdruck, nämlich „... das ist klassisch ...". Er ist ein guter Kerl, der jedem wohlgesinnt ist, ein selbstständiger und selbstsicherer Mensch. Zu Herrn Zangler sagt er immer: „Wenn Sie mich nicht hätten", denn er glaubt, Herr Zangler wäre hilflos ohne ihn.*

a) Von einem bekannten Theaterstück die handelnden Personen herausschreiben und sie mit Schlagwörtern charakterisieren!
b) Anschließend in ganzen Sätzen die Hauptgestalten (wie oben) charakterisieren!

Gegenüberstellungen verdeutlichen oft die Charaktere:

Die beiden Diener Wolf und Valentin in Raimunds „Verschwender" oder die Charaktere von Zwirn, Leim und Knieriem in Nestroys „Lumpazivagabundus" vergleichen!

SCHILDERN

Schildern kann man **Personen, Erlebnisse, Landschaften, Gegenstände** und **Tiere.** Also alles, was man auch beschreiben kann.
Eine Schilderung gibt **persönliches Erleben, persönliche Eindrücke** und **Stimmungen** wieder. Geschildert wird alles so, wie man es sieht und erlebt.
Schilderungen schreibt man im **Präsens**!

Folgende Schilderung genau lesen!

Das Feuerwerk

Jedes Jahr zu Silvester wird in unserem Ort ein großes Feuerwerk veranstaltet. Mein Bruder und ich warten immer schon lange vor Mitternacht in unserem Garten auf das große Ereignis.
Auch heuer stehen wir wie gewohnt vor unserem Haus. Die Zeit will nicht vergehen. Fröstelnd starren wir zum Himmel. Plötzlich hören wir lautes Zischen, und wir erschrecken. Ich denke: „Das wird der Anfang sein." Schon färbt sich der Himmel hinter den Bäumen ganz hell. Es pfeift und knallt, und ein Geschoß, das sich wie eine glitzernde Blume entfaltet, schießt in die Höhe. Gleich darauf platzt der nächste Feuerwerkskörper, der grün in unzähligen Funken auseinandersprüht. Und nun knallt und pfeift es unaufhörlich. Sprühregen zischen, steigen und neigen sich wieder; rot, gelb, grün, lila, orange und blau sprüht es unter dem Himmel, der hell erleuchtet wird.

Wir meinen, das ganze Feuerwerk kommt auf uns zu, aber es erlischt, während es zur Erde sinkt.
Für kurze Zeit ist es still und dunkel. Doch das ist noch nicht das Ende. Es knallt, zischt, pfeift und heult neu auf. Bunte Gebilde wie Blumen ziehen hoch oben ihre leuchtenden Spuren. Sie fallen zur Erde, während ein riesiger Sprühregen seine glitzernden Fontänen verteilt.
Eine letzte Rakete zieht hoch. Silberne und goldene Tropfen erhellen den Himmel. Dann verlischt die Rakete.
Das Feuerwerk ist vorbei. Ganz plötzlich umgibt uns eine unnatürliche Stille. Leichter Brandgeruch liegt in der Luft. Mein Bruder und ich bemerken, dass uns noch immer fröstelt. Vor Kälte und Müdigkeit zitternd laufen wir ins Haus und freuen uns auf unsere warmen Betten.

Im Gegensatz dazu ist ein **Bericht** eine sachliche und objektive Darstellung.

Den folgenden Bericht mit der Schilderung vergleichen!

Das Feuerwerk

Jedes Jahr zu Silvester wird in unserem Ort ein großes Feuerwerk veranstaltet. Wir können es von unserem Garten aus gut beobachten.
Das Feuerwerk dauert etwa eine halbe Stunde. Das Programm wird so durchgeführt, dass es kaum Pausen gibt. Die Vorführung wechselt ab zwischen Kanonenschlägen und Lichterspielen, von denen wir manchmal nur den Widerschein sehen, weil sie am Boden abbrennen. Dann wieder beleuchten Lichtraketen und feuriger Goldregen den Himmel.
Am Schluss der Veranstaltung werden als Höhepunkt Stern- und Blumenraketen gleichzeitig abgefeuert. Während sie hoch oben ihre ganze Pracht entfalten, erzeugen auf dem Boden Knallkörper einen ohrenbetäubenden Lärm.

a) Eine lebendige, persönlich gefärbte Schilderung über ein Tier schreiben!
b) Nachher dieses Tier beschreiben!

Achtung: Nicht die Überschrift vergessen (z.B.: Mein Hund)!
Die fertigen Aufsätze jemandem vorlesen!

Dem Roboter, der vor kurzem einen Systemabsturz hatte, bereitet sowohl beim Sprechen als auch beim Schreiben die **Wahl des richtigen Ausdrucks** manchmal Probleme. Dafür konnten seine Schwächen bei der Zeichensetzung beseitigt werden. Einer seiner Kollegen versucht ihm zu erklären, dass es außer „faul, fleißig, groß, klein, schön, hässlich" usw. noch zahlreiche andere Ausdrucksmöglichkeiten gibt. Als der Angesprochene nur einige hilflos wirkende Schaltgeräusche von sich gibt, druckt ihm sein Kollege einen Übungszettel aus:

Fleißig *oder* ***faul****?*

sich mühen, flüchtig, strebsam, bummeln, tätig, unverdrossen, rege, schläfrig, rastlos, eifrig, faulenzen, stetig, arbeitsam, lässig, unermüdlich, hastig, sich drücken, hurtig, etwas leisten, schuften, sich plagen, säumig, emsig, träge, schaffen, sich anstrengen, untätig, geschäftig, rührig, bequem, sich schinden

Die Wörter, die zu „fleißig" passen und diejenigen, die zu „faul" passen, in je eine Spalte schreiben!
Mit Wörtern aus beiden Gruppen Sätze bilden!

Es scheint, als hätte der beschädigte Roboter auch dieses Problem bewältigt. Bis auf ein leichtes Aufflackern einzelner Lämpchen arbeitet er jetzt offenbar einwandfrei. „Wir werden ihn nach der Heimkehr überprüfen lassen müssen", flüstert einer seiner Kameraden seinem Nachbarn zu. „Er ist unser ‚Problemkind'." Da beginnen die Objektive in den Augen des ‚Problemkindes' giftgrün zu glühen. Seine Kameraden haben vergessen, dass er keinen Gehörschaden hat. Hier gab es noch nie einen Systemausfall.
Einer der geklonten Wissenschaftler, der den Vorfall beobachtet hat, meint zu seinem aussehensgleichen Nachbarn: „Wenn das so weitergeht, werden wir ihm den Chip, der die Gefühlsregungen erzeugt, herausnehmen müssen." Und zur Bestätigung des Gesagten nicken beide Klone gleichzeitig im Takt.

Zu mindestens drei der folgenden Themen Schilderungen verfassen!

Im Stadion — Regen in der Stadt — Ein(e) Obstverkäufer(in) auf dem Markt
Dort möchte ich leben! — Sonnenuntergang — Das Gewitter
Ein Baby — Nachts auf der Straße — Ein unheimlicher Mensch
Das alte Haus — Der Wettkampf

Achtung: Schilderungen bringen viel persönliches Erleben und persönliche Eindrücke!

DIE BILDGESCHICHTE

Als Grundlage für Erzählungen lassen sich auch Bildgeschichten heranziehen.

Für das Verfassen einer Bildgeschichte ist weder eine Stoffsammlung noch eine Gliederung nötig.

Richtig! Der Handlungsablauf ist vorgegeben.
Dennoch kann es nicht schaden wichtige Gedanken und Einzelheiten zu notieren.
Wenn es die Bilder zulassen, soll eine Bildgeschichte **spannend** oder **lustig** sein.

Einer der Sprachgelehrten hat einen Musteraufsatz mitgebracht. Das darin geschilderte Erlebnis hatten die Kinder seines Freundes vor kurzem an einem kleinen See. Der Freund des Sprachwissenschaftlers ist übrigens kein Klon. Deshalb hat er seine Kinder auf natürlichem Weg bekommen. In Anlehnung an einen seit Jahrhunderten gebrauchten Ausdruck nennt man solche Kinder auch „Biokinder".

Das wäre beinahe schiefgegangen!

Letzten Sommer fuhren unsere Eltern mit meiner Schwester und mir während der Sommerferien an einen kleinen See. Da wir Campingurlaub machten, durfte unser Hund Tapsi ebenfalls mitkommen. Der Hund heißt Tapsi, weil er besonders große Pfoten hat, mit denen er ganz lustig dahintappt.
Eines Tages liehen sich meine Schwester und ich ein kleines Holzboot aus. Damit ruderten wir zu einer kleinen Insel in der Mitte des Sees. Tapsi saß stolz im Bug des Bootes. Als wir den Strand unter dem Kiel knirschen hörten, sprangen wir ins Wasser und zogen das Boot ans Ufer. Tapsi tollte im Sand umher wie ein Verrückter. Er schien froh zu sein, wieder festen Boden unter den Füßen zu haben. „Willst du den Hügel in der Mitte der Insel besteigen, Andrea?", fragte ich meine Schwester. „Ja, da haben wir sicher eine tolle Aussicht!", rief sie begeistert.
Als wir nach einiger Zeit den höchsten Punkt der Insel erreicht hatten, kamen wir gar nicht dazu, den Ausblick zu genießen. „Thomas!", schrie Andrea. „Unser Boot!" Und da sah ich es auch. Unser Boot trieb im seichten Wasser vor der Insel. So schnell wir konnten, hetzten wir zum Strand. Tapsi, der das alles als Spiel auffasste, bellte vergnügt und sprang um uns herum. Am Ufer angekommen stürzte ich mich sofort ins Wasser und versuchte das Boot schwimmend zu erreichen. Tapsi sprang natürlich hinterdrein. Zurück blieb meine weinende Schwester.
Erschöpft gelang es mir endlich die Leine unseres Bootes mit einer Hand zu fassen. Ich zog es zu mir und kletterte hinein. Während ich zur Insel zurückruderte, schwamm mir Tapsi laut bellend nach. Gemeinsam erreichten wir das Ufer. Es war schwer die zitternde Andrea zu trösten.
Unseren Eltern aber erzählten wir lange nichts von diesem Abenteuer.

Mindestens drei der folgenden Bildgeschichten niederschreiben!

a) Eine Überschrift suchen!
b) Den einzelnen Personen Namen geben!
c) Auch die direkte Rede verwenden!

Sonder-
angebot

Achtung: In den folgenden Bildgeschichten fehlt jeweils ein Bild. Was könnte dargestellt sein?
Drei Bildgeschichten auswählen! Passende Überschriften suchen und die Geschichten niederschreiben!

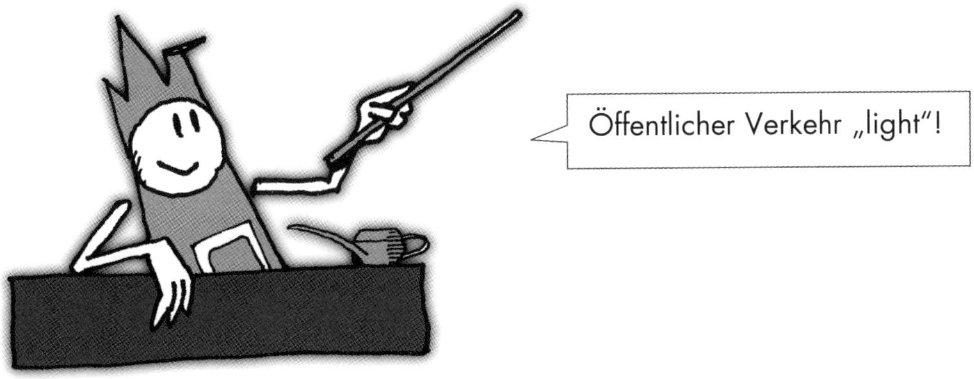
Öffentlicher Verkehr „light“!

BILDBESCHREIBUNG UND BILDDEUTUNG

„Wie man Bildgeschichten verfasst, habe ich bereits absturzsicher eingespeichert", erklärt der Roboter, dessen Funktionsstörungen sich inzwischen bis zur USO herumgesprochen haben. Präsident Gulliver Allioth hätte ihn gerne gegen ein neues Modell ausgetauscht. Aber seit die stählernen Helfer Chips für Gefühlsregungen eingepflanzt bekommen, ist das nicht mehr so einfach. Manche der allerneuesten Modelle sind von echten Raumbewohnern kaum mehr zu unterscheiden. Außerdem gibt es bereits so etwas wie eine Robotergewerkschaft, deren Aufgabe darin besteht, ihre Kollegen vor der Verschrottung zu bewahren.
Seufzend verordnet Allioth dem „gestörten" Roboter für die Zeit nach seiner Heimkehr einen Kur- und Reparaturaufenthalt auf einem Techno-Planeten.

Die geklonten Sprachwissenschaftler arbeiten unbeirrt an ihrem Programm weiter und lassen auf den Bildschirmen, an denen die Roboter arbeiten, einzelne Fotos aufleuchten. Sie fordern die Roboter auf, jeweils ihr Bild den anderen zu beschreiben.

Zum Beispiel:

Am Canal Grande[1]

Wir stehen am Ufer einer breiten Wasserstraße zwischen Anlegestellen von Gondeln. Die Steine, welche das Ufer befestigen, glänzen vor Nässe.
Zwei Gondolieri haben es sich auf einer grob gezimmerten Bank bequem gemacht. Ihre Hemden sind über der Brust geöffnet. Der eine trägt einen flachen, breitkrempigen Hut, an dem ein Band befestigt ist, das über den Rücken herabbaumelt. Vor der Sonne schützt sie ein viereckiges Segeltuch, das an zwei im Boden steckenden Stangen befestigt ist.
Im Boden des Kanals stecken zahlreiche dünne und lange Stangen, an welchen die Gondolieri ihre Boote vertäuen. Eine Gondel schaukelt am Ufer im Wasser. Die Gondeln gehören zum Bild Venedigs. Heck und Bug laufen spitz, schnabelartig nach oben aufgebogen zu. Die Boote wirken leicht, elegant und sehr beweglich.
Vor der Anlegestelle ist ein Gondoliere damit beschäftigt seine Barke zu wenden. Er steht auf dem Vorderteil und stößt das Boot mit einer Stange kräftig vom Kanalboden ab. Die Wasserfläche glänzt im Licht. Draußen ziehen andere Boote vorbei. Weit dehnt sich die Fläche. Drüben, am anderen Ufer, erkennt man eine Reihe von Palazzi. Dahinter ragt der berühmte Campanile auf dem Markusplatz empor.
Wer denkt bei einem solchen Bild daran, dass die Stadt ohne wirksame Rettungsmaßnahmen dem Untergang geweiht ist, weil sie langsam versinkt? Die Holzpfähle, auf denen sie vor langer Zeit errichtet wurde, graben sich immer tiefer in den Meeresboden ein.

Der Mustertext „Am Canal Grande" soll für **Bildbeschreibungen** Anhaltspunkte liefern.
Dennoch wird jede Bildbeschreibung anders aussehen.

Beachte:
Eine Überschrift suchen (falls nötig).
Angeben, worum es auf dem Bild geht, welches Ereignis festgehalten ist.
Mit dem Mittelpunkt des Bildes beginnen.
Darüber schreiben, wie sich die einzelnen Personen verhalten, was sie machen.
Es folgen die Einzelheiten auf dem Bild (Hintergrund, Bäume, Schatten, ...).
Darüber schreiben, welche Stimmung auf dem Bild festgehalten ist.

1 Nach: Karl Beilhardt/Günther Busse, Training Aufsatz, 7./8. Schuljahr, Lösungsheft, Ernst Klett, Stuttgart 1980

Folgende Bilder genau ansehen!
Sie sollen Vorlagen für weitere Bildbeschreibungen sein.

Mit dem Bild beginnen, das am besten gefällt.
In Schlagwörtern beschreiben, was darauf zu sehen ist.
Im Zentrum anfangen oder einen anderen Standpunkt aussuchen, damit alles schön geordnet ist.

Die Notizen in Textform umschreiben.
Eine passende Überschrift suchen.

Achtung: Die fertig gestellten Texte vorlesen!

Bei der **Bilddeutung** muss zusätzlich zu den bei der Bildbeschreibung angeführten Punkten noch Folgendes beachtet werden:

Was wollte der Maler (Fotograf) mit seinem Bild ausdrücken?
Hatte er ein bestimmtes Anliegen?
Warum hat er die einzelnen Bildinhalte so und nicht anders dargestellt?
Was ist der Gesamteindruck (die Wirkung) des Bildes?

Das Bild „Am Canal Grande" noch einmal ansehen!
Schlagwörter zu den vier Punkten der Bilddeutung notieren!

Zum Beispiel:

ein Bild südlichen Lebens, Sehnsucht nach dieser Stadt erwecken, Gegenlichtaufnahme – dadurch besonders starker Kontrast von Licht und Schatten, der Vordergrund wird plastisch hervorgehoben, weicht durch diese Art der Darstellung stark von den typischen Urlauberfotos ab, Gesamteindruck melancholisch verträumt, …

Zum Beispiel könnte man vor dem letzten Absatz der Bildbeschreibung „Am Canal Grande" folgendermaßen fortfahren:

Der Fotograf hat hier ein Bild südlichen Lebens eingefangen. Weder Hast noch Eile trüben das beschauliche Dasein der Gondolieri. Sie genießen augenscheinlich ihre Mittagspause, während das gleißende Sonnenlicht ihren Rastplatz umspielt.
Die melancholisch verträumte Stimmung, die Sonnenstrahlen, die sich im Wasser spiegeln, wecken die Sehnsucht des Betrachters. Auch wer noch nicht in Venedig war, wird diese Stadt besuchen wollen.
Der besonders starke Kontrast von Licht und Schatten wird durch das einfallende Gegenlicht bewirkt. Dadurch hebt sich der Vordergrund plastisch vom übrigen Bild ab. Wir haben es hier nicht mit einem der üblichen Urlauberfotos zu tun, sondern mit einem ausdrucksvollen fotografischen Kunstwerk.
Wer denkt bei einem solchen Bild daran, dass die Stadt ohne wirksame Rettungsmaßnahmen dem Untergang geweiht ist, weil sie langsam versinkt? Die Holzpfähle, auf denen sie vor langer Zeit errichtet wurde, graben sich immer tiefer in den Meeresboden ein.

Zu folgenden Bildern Deutungen schreiben und nachher vorlesen!

a) Zuerst die Gedanken stichwortartig notieren.
b) Das Geschriebene ordnen.
c) Den Text verfassen.
d) Eine Überschrift suchen.

Achtung: Aufzählungen vermeiden!

Der „Chef" der irdischen Sprachgelehrten möchte die Erfindungsgabe der Roboter fördern. Er hat eine Idee, die von seinen geklonten Assistenten beinahe im selben Augenblick übernommen wird. Ohne dass auch nur ein Wort gesprochen wurde, beginnen alle gleichzeitig im Takt zu nicken.
Die Sprachroboter erhalten jeder ein anderes fantasievolles Bild in ihre Computer eingescannt.

Zu mindestens einem der folgenden Bilder eine Geschichte erfinden!

Eine Überschrift suchen!

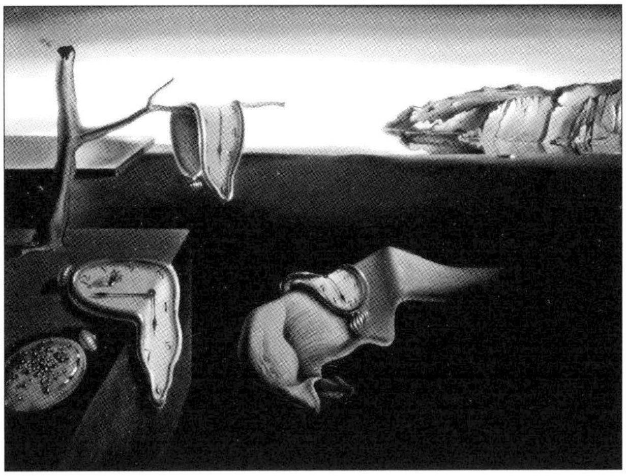

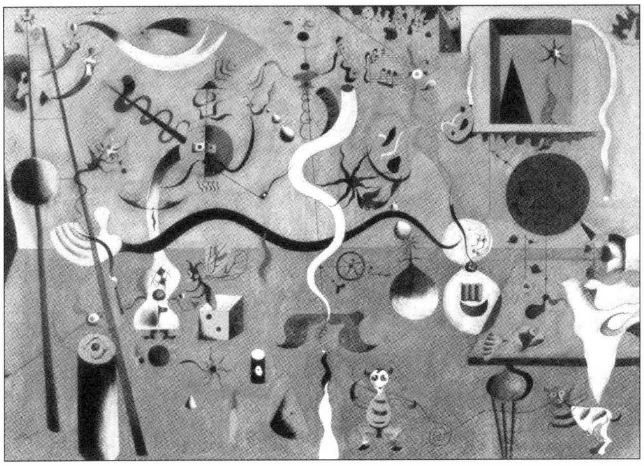

Da die Sprachroboter auch dieses Problem sicher gemeistert haben (nur bei einem ist wegen Überhitzung eine Sicherung durchgebrannt, die er aber sofort selbst ersetzen konnte), zeigen ihnen ihre irdischen Berater eine weitere Möglichkeit sich mit Bildern auseinanderzusetzen.

Zu den folgenden vier Fotos eine Geschichte erfinden, in der alle Bilder verarbeitet sind!

Die Reihenfolge selbst bestimmen!
Die Überschrift nicht vergessen!

Zu den folgenden fünf Fotos eine Geschichte erfinden, in der alle Bilder verarbeitet sind! Die Reihenfolge selbst bestimmen! Überschrift suchen!

Sowohl Roboter als auch Sprachgelehrte sind mit ihren eigenen Leistungen sehr zufrieden. Die Roboter klopfen einander begeistert auf die Schultern, was einen höllischen Lärm verursacht. Irgendein irdischer Witzbold muss ihnen diese Verhaltensweise einprogrammiert haben. Als einer der Klone dem vor ihm stehenden Roboter ebenfalls auf die Schulter klopft, zieht er seine Hand mit einem Schmerzensschrei zurück. Die Schultern eines stählernen Roboters sind doch wesentlich härter als die eines Menschen.

DIE NACHERZÄHLUNG

Die Wiedergabe von Inhalten sollte für die Roboter kein Problem sein. Darauf wurden sie programmiert, um ihre Beobachtungsgabe zu erhöhen. Dennoch setzen sie sich auch mit dieser Art der Textgestaltung auseinander. Sie sollen ja als perfekte Lehrmaschinen in die Zentrale der USO zurückkehren, bevor sie an ihren ersten Einsatzort auf Imperator C gesandt werden.

Den folgenden Text gut durchlesen!
Jemandem den Inhalt erzählen!

Der Augsburger Kreidekreis[1]

Eine Geschichte aus dem Dreißigjährigen Krieg: Da waren die kaiserlichen Truppen in das Haus des Gerbers Zingli in Augsburg eingedrungen, hatten den Mann getötet; der Frau ist es gelungen, im letzten Augenblick zu entfliehen, nur das kleine Kind in der Wiege und die Magd Anna, die sich im Kleiderschrank versteckt hatte, blieben unbemerkt und unversehrt. Anna floh mit dem hilflosen Kind und zog es bei ihren Verwandten auf, bis eines Tages die Witwe des Gerbermeisters auftauchte und das Kind für sich beanspruchte. Weil Anna es nicht hergeben wollte, wurde die Sache vor ein Augsburger Gericht gebracht. Anna behauptete das Kind unehelich geboren zu haben. Die Witwe des Gerbers „kam vorgerauscht und schilderte, ab und zu ein Sacktüchlein an die Augen lüftend, wie bei der Plünderung die kaiserlichen Soldaten ihr das Kind entrissen hätten … . Sie nehme an, die Person (sie deutete auf Anna) habe sich des Kindes bemächtigt, um irgendwie Geld erpressen zu können." Zeugen – es waren die Verwandten des getöteten Gerbermeisters – sagten dagegen aus, die Frau habe sie damals wissen lassen, „ihr Mann sei erschlagen worden, und das Kind habe sie einer Magd anvertraut, bei der es in guter Hut sei". Die Frau blieb bei ihrer Aussage, sie habe ihr Kind nicht im Stich gelassen. Der Richter räusperte sich und fragte sie interessiert, ob sie glaube, dass keine Mutter ihr Kind im Stich lassen könnte. Ja, das glaube sie, sagte sie fest. Ob sie denn glaube, fragte der Richter weiter, dass einer Mutter, die es doch tue, der Hintern verhauen werden müsste, gleichgültig wie viele Röcke sie darüber trage? Worauf die Frau schwieg.
Der Richter schien ratlos und sagte schließlich, der Gerichtshof sei zu der Überzeugung gelangt, dass beide gelogen hätten. Nun sei aber auch noch das Kind zu bedenken, das eine Mutter haben müsse. Man werde daher, „ohne auf bloßes Geschwätz ein-

1 Nach Karl Beilhardt/Günther Busse, Training Aufsatz, 7./8. Schuljahr, Ernst Klett, Stuttgart 1980

zugehen, feststellen, wer die rechte Mutter des Kindes ist". Er ließ den Gerichtsdiener einen Kreidekreis auf dem Boden ziehen, in den das Kind gestellt werden sollte, und sagte:

„Diese Probe, die jetzt vorgenommen werden wird, habe ich in einem alten Buch gefunden, und sie gilt als recht gut. Der einfache Grundgedanke der Probe mit dem Kreidekreis ist, dass die rechte Mutter an ihrer Liebe zum Kind erkannt wird. Also muss die Stärke der Liebe erprobt werden. Gerichtsdiener, stell das Kind in diesen Kreidekreis!" Den beiden Frauen befahl er sich auch in den Kreis zu stellen; jede solle eine Hand des Kindes fassen und sich bemühen, wenn er „los" sage, das Kind aus dem Kreis zu ziehen: „Diejenige von euch, die die stärkere Liebe hat, wird auch mit der größeren Kraft ziehen und so das Kind auf ihre Seite bringen."

Im Saal war es unruhig geworden. Die Zuschauer stellten sich auf die Fußspitzen und stritten sich mit den vor ihnen Stehenden. Es wurde aber totenstill, als die beiden Frauen in den Kreis traten und jede eine Hand des Kindes fasste. Auch das Kind war verstummt, als ahnte es, worum es ging. Es hielt sein tränenüberströmtes Gesichtchen zu Anna emporgewendet. Dann kommandierte der Richter „los".

Und mit einem einzigen heftigen Ruck riss Frau Zingli das Kind aus dem Kreidekreis. Verstört und ungläubig sah Anna ihm nach. Aus Furcht, es könne Schaden erleiden, wenn es an beiden Ärmchen zugleich in zwei Richtungen gezogen würde, hatte sie es sogleich losgelassen. Der Richter stand auf.

„Und somit wissen wir", sagte er laut, „wer die rechte Mutter ist. Nehmt Frau Zingli das Kind weg. Sie würde es kalten Herzens in Stücke reißen." Er nickte Anna zu und verließ den Saal.

In den nächsten Wochen erzählten sich die Bauern aus der Umgebung, die nicht auf den Kopf gefallen waren, dass der Richter, als er der Magd das Kind zusprach, mit den Augen gezwinkert habe. So hatte das Kind die rechte Mutter bekommen, wenn es auch nicht die echte war.

Was bei einer schriftlichen Nacherzählung beachtet werden muss:

Die Geschichte **aufmerksam lesen** oder sehr gut zuhören.
Nicht der genaue Wortlaut ist wichtig, sondern **der Sinn** der Erzählung.

Richtiger Aufbau:
Einleitung (Wann? Wo? Wer?)
Hauptteil (richtige Reihenfolge, Höhepunkt)
Schluss (klares Ende, verständlicher Sinn).

Inhalt und Sinn der Geschichte dürfen **nicht** verändert werden.
Nichts Wichtiges weglassen, nichts dazuerfinden.
Die Nacherzählung wird im **Präteritum** geschrieben.
Lebendig erzählen und möglichst **eigene Ausdrücke** verwenden.
Wortwiederholungen vermeiden!

Der störungsanfällige Roboter, der bereits mehrmals aufgefallen ist, fingert plötzlich hektisch an einigen Schaltern unter seiner linken Achsel herum. Gleichzeitig leuchten auf einem kleinen Bildschirm, den er wie ein Schmuckstück um den Hals trägt, lauter rote und grüne Fragezeichen auf. Als ihn die geklonten Erdlinge wie auf Kommando gleichzeitig anschauen, flüstert er mit seiner blechernen Automatenstimme: „Die Nacherzählung fehlt in meinem Textprogramm." Daraufhin speichern ihm die Sprachwissenschaftler eine Nacherzählung des „Augsburger Kreidekreises" ein. Er beruhigt sich und beginnt den Text mit seinen Kameraaugen sorgfältig zu lesen:

Der Augsburger Kreidekreis

Während des Dreißigjährigen Krieges waren kaiserliche Truppen in das Haus des Gerbers Zingli in Augsburg eingedrungen. Seiner Frau gelang die Flucht, er aber wurde getötet. Nur eine Magd und das kleine Kind der Gerbersfrau blieben von den Soldaten unbemerkt. Anna, so hieß die Magd, behielt das Kind und zog es auf. Eines Tages erschien Frau Zingli bei ihr und verlangte das Kind zurück. Da sich Anna weigerte, wurde die Streitfrage vor ein Gericht gebracht. Der Richter konnte zu keinem klaren Urteil gelangen und entschloss sich daher zu einer ungewöhnlichen Probe.
Der Gerichtsdiener musste auf dem Boden einen Kreidekreis ziehen. Das Kind und die beiden Frauen ließ der Richter in den Kreis stellen. Dann befahl er, dass jede Frau eine Hand des Kindes nehmen solle. Auf „los" müsste jede von ihnen versuchen das Kind aus dem Kreis zu ziehen. „Welcher von euch beiden das gelingt", erklärte der Richter, „die ist die wahre Mutter." Auf sein Kommando riss Frau Zingli das Kind mit einem Ruck aus dem Kreidekreis. Anna aber hatte die Hand losgelassen, weil sie Angst hatte das Kleine zu verletzen.
Der Richter sprach der Magd als der „rechten" Mutter das Kind zu. Frau Zingli aber musste unverrichteter Dinge wieder abziehen. Der Richter hatte erkannt, dass sie kalten Herzens das Kind in Stücke gerissen hätte. Die Magd hingegen hatte sich wie eine wirkliche Mutter verhalten.

a) Die Geschichte aus der Sicht der Magd nacherzählen!
b) Die Geschichte aus der Sicht des Richters nacherzählen!

Mit Hilfe ihres Zeitverständnis-Schalters hinter dem linken Ohr haben die Sprachroboter den Sinn des „Augsburger Kreidekreises" problemlos erfasst. Um Roboter zu derartigen intellektuellen Leistungen zu bringen, müssen schon ganz große Programmierkünstler am Werk sein.
Zur Abwechslung folgt eine weniger ernste Geschichte:

Die Leiden eines Fußballs

Seine Hülle glänzte und duftete noch ganz neu, als er auf den Rasen des Stadions geschubst wurde. Zweiundzwanzig junge Männer in bunten Hosen und Leibchen traten mit ihren Füßen bereits gegen andere lederne Leidensgenossen oder hüpften wie Hampelmänner über das Spielfeld. Noch ahnte der neue Ball nicht, was ihm bevorstand. Aber in seiner Seele machte sich Angst breit, als er das Wehgeschrei und Stöhnen seiner gequälten Verwandten hörte. Plötzlich kam ein schwarz gekleideter Mann auf ihn zu. Der Fremde hob ihn sanft auf und eilte in die Mitte des Spielfeldes. Von da an konnte sich der Ball nur mehr dunkel an das Geschehen um sich erinnern. Gerade als er erleichtert aufatmen wollte, ertönte ein schrecklicher Pfiff. Die boshaften jungen Männer auf dem Spielfeld begannen sofort nach ihm zu treten und ihm nachzulaufen. Oft flog er viele Meter durch die Luft. Sein Wehgeschrei wurde vom Gebrüll der Zuschauer übertönt.
Jedes Mal wenn ihn einer seiner Peiniger hart mit dem Fuß traf, heulte die Menge auf den Rängen vor Vergnügen auf. Der Fußball sah nach einer halben Stunde gar nicht mehr so neu aus. Er wusste nicht, wo oben und wo unten war, da er total die Orientierung verloren hatte.
Rollte er einmal etwas gemütlicher über das Spielfeld, was selten genug vorkam, pfiffen die entfesselten Zuschauer enttäuscht. In seinem Inneren wuchs dumpfer Hass gegen diese Sadisten auf den Rängen.
Manchmal traten sich die Spieler auch gegenseitig und beachteten ihn gar nicht. Da begann der schwarze Mann auf einer Trillerpfeife zu blasen, dass er ganz rot im Gesicht wurde. Er hielt abwechselnd gelbe und rote Karten in die Höhe, worauf das Publikum noch mehr zu brüllen begann und allerlei Gegenstände auf das Spielfeld warf.
Plötzlich traf den geschundenen Ball ein furchtbarer Schlag. Seine Haut beulte sich aus, und langsam begann er seine Fußballseele auszuhauchen. Während er in einer

Art Dämmerzustand zu schrumpfen begann, träumte er, wie zweiundzwanzig hart aufgeblasene Fußbälle eineinhalb Stunden lang einem einzigen Spieler nachhüpften und ihn windelweich klopften. In diesem Augenblick strahlte er über sein ganzes zerschundenes Gesicht.
Ein neuer brutaler Schlag riss ihn aus seinen Träumen. Jemand trat nach ihm, nahm ihn dann in seine derbe Hand und warf ihn in eine Ecke des Spielfeldes, wo er unbeachtet liegen blieb. Die zornigen jungen Männer aber stürmten bereits hinter einem anderen neuen Ball her.

a) Die Geschichte gut durchlesen und eine Nacherzählung schreiben!
b) Das Geschehen aus der Sicht des Fußballs erzählen!

Den folgenden Text wieder genau lesen und eine Nacherzählung verfassen!

Brigitta Skarek
Der verschwundene Tag[1]

Er war schon da, der weiße Schnee. Überzuckerte die ganze Stadt und verwandelte die tristen, grauen Pflaster in kristallen scheinende Oberfläche – aber natürlich nur dort, wo nicht die Reifen der Autos der Einkaufsbummler diese weiße Gleichförmigkeit zerrissen und sie in eine schmutzige Matschstraße verwandelten. Ja, es roch förmlich nach Weihnachten – überall sah man auf den Scheiben der Auslagen Sprühsterne. Sattgelb leuchtende Glühbirnen hatte man zu Glocken, Tannenbäumen und anderen weihnachtlichen Gebilden zusammengesteckt, und sie tauchten die von Geschäft zu Geschäft strömenden Massen in weihnachtliches Licht. Auf jedem freien Platz wurden Weihnachtsbäume angeboten – es war ein eifriges Kaufen und Verkaufen. Auch ich hatte schon Geschenke besorgt – und bald leerte sich meine Geldbörse. Eine Silbertanne stand schon in meinem Keller, den Karpfen hatte ich ins Eis gelegt, und die Kekse lagen verführerisch duftend auf dem Backblech. Alles war bereit für den Tag, den alle ungeduldig erwarteten.
Es war der 23., als ich den letzten schokoladenen, mit buntem Alupapier überzogenen Weihnachtsmann kaufte. Mit Paketen schwer beladen kam ich abends nach Hause. Todmüde legte ich mich schlafen, nachdem ich meinen Wecker gestellt hatte.
Ich erwachte wie an jedem Morgen, nur mein Herz war mit Vorfreude erfüllt. Verschlafen tapste ich in die Küche und bereitete mein Frühstück. Wie gewohnt riss ich dann das Kalenderblatt des Vortages ab – und da wurde ich plötzlich hellwach.

1 Aus: Junge Literatur aus Österreich '80, Bundesverlag, Wien 1981

Denn nach dem Kalender war heute der 25. Ich vergewisserte mich, ob ich nicht zwei Blätter zugleich abgerissen hatte – aber das Kalenderblatt 24 war nicht zu finden. Vielleicht war dem Kalenderfabrikanten ein Fehler unterlaufen? Plötzlich läutete das Telefon – es war mein Freund Harry –, mit ziemlich erschüttert klingender Stimme fragte er mich nach dem Datum des heutigen Tages. Ich sagte ihm, dass ich vermute, es sei der 24. Nun erzählte er mir, dass sein Kalender das Blatt 24 nicht aufweise. Da läutete es an der Tür, ich öffnete – meine Nachbarin trat ein, ihren Kalender in der Hand. Sie sah sehr verwirrt aus, als auch sie erzählte, dass ihr Kalender zwischen dem 23. und dem 25. kein Kalenderblatt aufweise. Ich teilte Harry mit, dass nicht nur er in dieser Lage sei und beruhigte ihn – dann legte ich auf. Da es gerade Zeit für die Nachrichten war, drehte ich den Radioapparat auf. Der Sprecher begann mit dem Datum, es war der 25. Langsam schien alles konfus zu sein, ich schickte die hysterisch weinende Nachbarin in ihre Wohnung zurück, dann begann ich mit den Recherchen, wo der 24. geblieben war. Zuerst rief ich bei der Hotline des Senders an und erkundigte mich dort nach dem Datum; der Kundendienst bekannte, dass man nicht sicher sei, ob heute der 24. oder der 25. sei. Danach erkundigte ich mich bei der Polizei, auch dort wusste man keine Erklärung für den verschwundenen Tag. Daraufhin rief ich in meinem Büro an – wieder dieselbe Verwirrung – also war klar, der Tag war verschwunden und blieb es auch.

Da standen nun alle da – mit den vielen Geschenken, versteckt hinter Handtücherstößen, unter Betten oder sonst wo, den noch warmen Kuchen, Keksen, quietschvergnügten Karpfen in den Badewannen, den abertausenden Bäumen in den Kellern, die begonnen hatten, ihre Nadeln abzuwerfen. Ich war auch verblüfft und kam mir betrogen vor – ich warf alle Geschenke in den Wagen und fuhr zum Altersheim, wo ich sie abgab. Man lud mich ein zu bleiben, ich saß mitten unter den Alten im Scheine einiger Kerzen, aß in aller Ruhe mit ihnen Weihnachtskekse, lauschte mit ihnen den Worten des Erzählers, der aus einem Buch las, in dem die alte Geschichte stand, dass ein junges Paar nach Bethlehem gezogen war ...

DIE INHALTSANGABE

Die Sprachroboter haben von der Entwicklungszentrale der USO neue Prozessoren zugeschickt bekommen, die ihre Denk- und Arbeitsgeschwindigkeit beträchtlich erhöhen. Sie sollen für ihre kommenden Aufgaben bestmöglich gerüstet sein. Auch der störungsanfällige Roboter darf sich einen der neuen Prozessoren selbst einpflanzen. Allerdings ist damit die Auflage verbunden, dass er seine Speicherelemente mit zusätzlichen Kontrollschaltern versieht. Damit soll bis zu seiner endgültigen Reparatur ein weiterer Systemabsturz vermieden werden.
Trotz ihrer verbesserten Möglichkeiten erarbeiten die Sprachroboter auch die folgenden Themen nur schrittweise, da sie ihre Erkenntnisse ja in gleicher Form weitergeben werden. Auf den Bildschirmen ihrer Computer leuchtet das Wort „Inhaltsangabe" auf. Wie man Inhaltsangaben verfasst, wird zunächst mit Hilfe einer Kurzgeschichte erklärt.

Carola Ingrisch
Strichmännchen[1]

„Wo ist denn deine Mutter?", fragte das kleine Strichmännchen auf dem Zeichenblatt. „Die arbeitet", sagte das Kind. „Und dein Vater?" „Der arbeitet auch." „Willst du mit mir spielen?", lächelte das Strichmännchen. „Klar!", sagte das Kind, und das Strichmännchen sprang aus der Zeichnung direkt auf den Teppich.
„Was hast du denn so den ganzen Tag gemacht?", fragte die Mutter das Kind, als sie nach Hause kam. „Ich habe mit dem Strichmännchen gespielt." Und das Kind erzählte, wie sie mit dem Teppich nach Indien geflogen waren, wie sie auf Elefanten geritten und Tiger mit Wurst gefüttert hatten. Die Mutter betrachtete das hässliche kleine Strichmännchen auf dem Papier, nahm den Radiergummi und radierte es aus. Zum Vater sagte sie: „Das Kind muss zum Arzt."
Als das Kind im Wartezimmer des Psychiaters in einer Zeitschrift blätterte, entdeckte es einen Hund, der ganz traurig aus dem Magazin schaute. „Komm heraus", sagte das Kind, „und sei nicht mehr traurig." Der Hund sprang aus der Zeitung, setzte sich zu seinen Füßen und wedelte. „Wo kommt denn der Hund auf einmal her?", fragte die Mutter. Da zeigte das Kind auf einen weißen Fleck in der Zeitschrift, wo früher der Hund gesessen war. Das sah die Sprechstundenhilfe und sagte: „Hunde sind hier nicht erlaubt!" Daraufhin verließen Mutter und Kind, gefolgt von einem großen Hund, die Ordination.

1 Aus: Junge Literatur aus Österreich '80, Bundesverlag, Wien 1981

Achtung: Zunächst werden die wichtigsten Schritte der Handlung in Stichwörtern festgehalten:

Ein Kind ist allein zu Hause.
Das Strichmännchen.
Die Mutter kommt nach Hause.
Der Arztbesuch.
Der Hund aus der Zeitschrift.
Die Sprechstundenhilfe.
Mutter, Kind und Hund gehen nach Hause.

Inhaltsangabe:

Strichmännchen

Einleitung:
Die Autorin der Kurzgeschichte schildert, wie ein Kind allein zu Hause spielt. Beide Eltern sind arbeiten. In der Fantasie freundet sich das Kind mit einem Strichmännchen aus einer Zeichnung an.

Hauptteil:
Als die Mutter nach Hause kommt, erzählt ihr das Kind, welche Abenteuer es mit seinem neuen Freund erlebt hat. Da sich die Mutter nun Sorgen um ihr Kind macht, geht sie mit ihm zu einem Psychiater. Im Wartezimmer des Arztes erweckt das Kind mit Hilfe seiner Vorstellungskraft einen Hund aus einer Zeitschrift zum Leben.
Auch die erstaunte Mutter kann das Tier sehen.
Da die Sprechstundenhilfe erklärt, Hunde seien im Wartezimmer des Arztes nicht erlaubt, geht die Mutter mit ihrem Kind und seinem neuen Spielgefährten nach Hause.

Schluss:
Die Autorin möchte zeigen, wie sich ein Kind, für das die Eltern zu wenig Zeit haben, mit Hilfe seiner Fantasie Spielgefährten sucht. Dabei stößt es aber auf die Verständnislosigkeit der Erwachsenen.

> Die Inhaltsangabe berichtet in kurzer Form über den Handlungsablauf einer Prosadichtung (z.B. einer Erzählung), eines Theaterstückes oder eines Gedichtes.
> Sie beschränkt sich auf das **Wesentliche**, ohne aber die Zusammenhänge des Geschehens zu vernachlässigen.
> Direkte Rede wird nicht verwendet
> Die Inhaltsangabe wird im **Präsens** geschrieben.

Aufbau einer Inhaltsangabe:

1. Einleitung: Hinweis auf die Autorin/den Autor, eventuell Titel, Textsorte; kurze Angabe zu Inhalt bzw. Thema
2. Hauptteil: Wiedergabe des Inhaltes
3. Schluss: Sinndeutung (Anliegen der Autorin/des Autors, eventuell persönliche Stellungnahme)

Manchmal genügt es den Inhalt einer Erzählung nur in ganz wenigen Sätzen wiederzugeben.
Das nennt man **Kurzfassung**.

Kurzfassung der Erzählung

Strichmännchen

Ein Kind, dessen Eltern arbeiten sind, freundet sich in seiner Fantasie mit einem Strichmännchen aus einer Zeichnung an. Als es seiner Mutter davon erzählt, besucht diese mit ihm einen Psychiater. Im Wartezimmer des Arztes erweckt das Kind zum Staunen der Mutter das Bild eines Hundes zum Leben. Da aber Hunde nicht in das Wartezimmer mitgenommen werden dürfen, verlassen alle drei das Haus des Arztes.

a) Eine Inhaltsangabe zur Erzählung „Der Augsburger Kreidekreis“ verfassen!
b) Eine Kurzfassung schreiben!

Den folgenden Text genau lesen und eine Inhaltsangabe verfassen! Achtung: Zuerst die wichtigsten Punkte der Handlung in Stichwörtern festhalten!

Alexander Höller/Benedikt Kommenda
Die Baustelle[1]

Eine Baustelle. Loch in der Straße. Überall Werkzeug. Um 10.45 Uhr trifft ein Bautrupp einer öffentlichen Baufirma ein, bestehend aus einem Gastarbeiter und zwei niederösterreichischen Vorarbeitern. Der Gastarbeiter transportiert auf einem Schubkarren zwei Bierkisten. Dahinter die Vorarbeiter.
Die Vorarbeiter nehmen auf einer improvisierten Bank Platz.
1. Vorarbeiter: Nimm da an Krampen und kräuh obe, Mircović.
Mircović lächelt verlegen.
2. Vorarbeiter (deutlich): Hacke nehmen, da hinunter gehen.
Mircović hat verstanden. Heftiges Hacken. Die Vorarbeiter öffnen jeder eine Flasche Bier. Schweigen.
1. Vorarbeiter: Das Wichtigste für heut is gschehn.
2. Vorarbeiter: Der Tschusch arbeit´ eh net schlecht, was?
1. Vorarbeiter: No eh. Der is froh, dass er hackeln kann.
Kurzes Schweigen.
2. Vorarbeiter: Mircović, kumm ausse.
Mircović lächelt verlegen.
1. Vorarbeiter: Du herauskommen, verdammt noch einmal.
2. Vorarbeiter: Hol uns zwa Haße mit an Siaßn.
Mircović lächelt verlegen.
1. Vorarbeiter: Du vom Würstelstand zwei Heiße mit einem Süßen holen, aber schnöl.
Mircović ab.
Kurze Stille.
2. Vorarbeiter: Angenehm is die Arbeit heutzutag net grad, was?
1. Vorarbeiter: No eh net. Die Gewerkschaft schlaft scho wieder.
Stille.
Mircović kommt mit dem Essen.
2. Vorarbeiter: No gib scho her, des Zeug.
1. Vorarbeiter: Hast a Rechnung?
Mircović lächelt verlegen.
2. Vorarbeiter: Na eben.
1. Vorarbeiter: Nimm da an Krampen und kräuh obe, Mircović.
Mircović hat verstanden.
2. Vorarbeiter: Vielleicht lernt er´s do no.
Essgeräusche. Im Hintergrund heftiges Hacken. Nach einem besonders harten Schlag lautes Zischen. Gasgebrechen.

1 Aus: Junge Literatur aus Österreich '80, Bundesverlag, Wien 1981

Mircović: „Strosnje!"
Die beiden Vorarbeiter lächeln verlegen.
1. Vorarbeiter: Wie spät is´n?
2. Vorarbeiter: Zwölfe wird´s in einer halben Stund.
1. Vorarbeiter: Auf des zünd i mir an Tschick an.
Pause.

(Am nächsten Tag las man in der Zeitung: „Gastarbeiter, der nicht Deutsch konnte, löste Explosion aus. Drei Arbeiter tot.")

Zu diesem Text auch eine Kurzfassung schreiben!

Inhaltsangabe und Kurzfassung zur Erzählung „Der verschwundene Tag" verfassen!

Gulliver Allioth, der Präsident der USO, hat die bekanntesten Roboterexperten des Weltalls zu einer beratenden Sitzung geladen. Die Sprachroboter auf der Erde arbeiten derart schnell, dass eine frühzeitige Abnützung ihrer mechanischen Teile befürchtet wird. Etliche Akkus, Schraubverbindungen und Stahlgelenke funktionieren nicht mehr optimal, wie auf den Überwachungsbildschirmen in der Zentrale der USO zu erkennen ist.
Nach mehrstündigen Beratungen beschließen die Roboterexperten ein Team speziell ausgebildeter Orioniden zur Erde zu senden. Aufgrund ihrer besonderen Zellstruktur sind die Orioniden für intergalaktische Einsätze hervorragend geeignet. Außerdem gelten sie als die fleißigsten und am besten ausgebildeten Techniker des Universums, brauchen wenig Schlaf und sind immer guter Laune.
Noch bevor die Mitteilung von ihrer Ankunft per Weltraumfax in Salzburg eingetroffen ist, haben sie sich auf die Erde gebeamt.
Doch die Roboter wollen sich in ihrer Arbeit nicht stören lassen. Also sind die Orioniden zunächst einmal zum Zuschauen verurteilt.

Zu folgender Erzählung eine Inhaltsangabe verfassen!
In der dritten Person erzählen!
Nicht auf die Sinndeutung vergessen!

Regina Schmid
1500 Meter[1]

Ich stehe an der gelben Linie und versuche mich zu konzentrieren. Meine Gedanken sind aus dem Kopf in die Beine gerutscht. Schon zweimal hatte ich mir selbst ein inneres Startzeichen gegeben, doch meine Beine waren zu schwer gewesen, um sich vom Boden zu lösen.
„Los!"
Im selben Augenblick, in dem ich mir das Signal gebe, lösen sich meine Beine vom Tartanboden[2]*. Die erste Gerade ist wichtig, um sich einen guten Platz im Hauptfeld zu erkämpfen. Dieser Gedanke kommt ganz von selbst. Es ist wie bei allen Läufen. Nur mein Herz schlägt viel schneller als normal. Erst als ich zur ersten Kurve ansetze, werde ich ruhiger und meine Gedanken beginnen zu fließen. Ich höre die Spikes gleichmäßig aufschlagen und spüre meine Arme, die sich gegengleich zu den Beinen vor- und zurückschieben. Unwillkürlich denke ich an die Anweisungen meines Trainers: Die Beine anheben, fast bis in den rechten Winkel bringen, und dann kräftig nach unten treten. Zuletzt den Stoß etwas abbremsen und weich abrollen. Automatisch spüre ich meinen Körper das ausführen, was ich eben gedacht habe.*
Ich gehe aus der Kurve und atme die kalte Novemberluft. Immer wieder spüre ich, wie sich meine Lunge gierig mit der Kühle füllt. Gleichmäßig gehen meine Schritte auf dem Boden. Ich höre die Rufe meiner Vereinskollegen vom Ballspielplatz.
Plötzlich fällt mir ein, dass ich etwas Verbotenes tue. Schnell versuche ich ein paar Ausreden für mich zu finden. Der Arzt hat nicht ausdrücklich verboten, dass ich auf dem Tartanboden laufe. Aber im Innersten weiß ich, dass es schlecht für das Knie ist. Ich schiebe diese unangenehmen Gedanken beiseite und genieße das Gefühl, das ich endlich nach der langen verhassten Trainingspause verspüre. Die Stimmen höre ich nicht mehr, denn während ich alleine auf der dunklen Bahn meine Runden laufe, bin nur ich wichtig.
Als ich die zweite Runde beginne, spüre ich schon das leichte Ziehen in den Armen. Viel früher als gewöhnlich wird mein Atem unregelmäßig. Nach einiger Zeit wird er aber wieder gleichmäßig, nachdem ich mich darum bemüht habe. Ich habe endlich wieder das Gefühl der eng geschnürten Spikes an meinen Füßen. Danach habe ich mich oft gesehnt, als noch der Gips mein Bein gefangen hielt.
Endlich bin ich nicht mehr behindert, kann es einfach nicht sein, denn ich sehe alles schnell an mir vorbeiziehen. Selbst der Gestank nach Auspuffgasen der Hauptverkehrsstraße hinter dem Damm macht mich heute glücklich.
Während der gesamten dritten Runde muss ich mir gut zureden, um die Arme, die inzwischen beträchtlich an Gewicht zugenommen haben, weiterhin im Takt vor- und

1 Aus: Junge Literatur aus Österreich '85/86, Bundesverlag, Wien 1986
2 Tartan = wetterfester Kunststoffbelag für Laufbahnen

zurückzuziehen. Ein kalter Wind kommt auf, und mich friert in dem kurzen Leiberl. Obwohl ich sogar die lange Trainingshose angelassen habe, ist mir richtig kalt.
Nur noch die letzte dreiviertel Runde zu laufen. Ich beschleunige meine Schritte. In Gedanken bin ich bei einem Rennen und höre die Schritte des Verfolgers direkt hinter mir. Das hilft ein bisschen, doch kurz vor der letzten Kurve kommt das Gefühl, ich würde es nicht mehr schaffen. Ich nehme mir vor den Sprint auf der letzten Geraden wenigstens zu versuchen, obwohl ich ihn meist nicht mehr zusammenbringe. Schon verlasse ich die Kurve und treibe mich selbst an. Zu meinem großen Erstaunen werden meine Schritte wirklich schneller und zugleich größer. Ich gleite dahin und fühle mich frei, so unbeschreiblich frei. Getragen von der Angst, ich könnte abheben und einfach davonfliegen. Die erlösende gelbe Linie kommt immer näher. Ein letztes Mal ziehe ich den schmerzenden linken Arm nach hinten, dann habe ich es geschafft.
Erst jetzt merke ich, wie sehr ich schwitze und Seitenstechen habe. Zitternd gehe ich zu der Bank zurück, auf der ich mein Gewand liegen ließ. Ich streife mir meinen Pullover über und hänge mir die Windjacke um. Zu mehr bin ich im Moment nicht fähig. Einige Minuten sitze ich zusammengekauert auf der Bank, bis mich der kalte Wind wieder weckt. Plötzlich wird mir bewusst, dass ich die Strecke bewältigt habe. Ich habe mein erstes und wichtigstes Rennen nach der Operation gewonnen!
Alles ist wie vorher. Zwar traue ich mich noch nicht gegen die Uhr zu laufen, aber auch mein Gefühl sagt mir, dass ich schon bessere Zeiten gelaufen bin. Trotz alldem bin ich unbeschreiblich froh. Ich verspüre seit langem wieder das Gefühl der Müdigkeit, und ich bin stolz darauf. Ich weiß, dass ich gut schlafen werde, denn ich habe soeben die Sehnsucht nach Freiheit gestillt, die mich schon so lange erfüllt hatte. Ich habe gespürt, wie ich mit meinem Körper arbeiten kann, wie ich mich selbst überwinden kann. Endlich war ich wieder frei und habe über mich geherrscht. Ich habe über mich bestimmt und nicht der Gips oder das Knie.
Jetzt beginne ich wieder mich als vollwertiger Mensch zu fühlen.
Endlich!

Auch eine Kurzfassung des Inhalts dieser Kurzgeschichte schreiben!

Achtung: Als Vorlage für Nacherzählungen und Inhaltsangaben eignen sich auch eine Reihe von Übungstexten aus „Deutsch positiv – Grammatik und Rechtschreiben" für die 3. und 4. Klasse!

BEGRIFFE ERLÄUTERN

Besonders beim Argumentieren und Erklären ist es notwendig **Begriffe** klar zu umreißen und sie in **Oberbegriffe** und **Unterbegriffe** einzuteilen. Der Oberbegriff ist allgemeiner als der Unterbegriff.

Zum Beispiel: Der Begriff Haustier ist dem Begriff Katze übergeordnet.

	Oberbegriff	**Unterbegriff**
Unterbegriffe nennen von:	*Haustier*	*Katze*
	Pflanze	....
	Baum	....
	Fahrzeug	....
	Sport	....
	Beruf	....
Den Oberbegriff nennen von:	....	*Eibe*
	....	*Handschuh*
	....	*Heft*
	....	*Säge*
	....	*Steiermark*

Das Gegenteil schreiben von:

Eifer ....

Genauigkeit ....

Kälte ....

Freude ....

Krankheit ....

Fröhlichkeit ....

Begriffe (mit kurzem Text) erklären!

Frage: *Was ist Backpulver?*
Antwort: *Backpulver ist ein Backzusatz, der bei Wärme CO_2 freisetzt und den Teig aufgehen lässt.*

Frage : *Was ist ein Sattel?*

Antwort: ....

....

Frage: *Was ist ein Satz?*

Antwort: ....

....

Auch folgende Begriffe erklären:

Pinguin, Flöte, Förster, Angestellter, Schiedsrichter, Finderlohn, Scharlach, Kontinent, Windhose

Zum Beispiel:

Wie sich die Menschen die Welt vorstellten[1]

Während es den Menschen unserer Zeit gelang, den Mond zu betreten, und immer wieder ernsthafte Versuche unternommen werden, noch weiter in den Weltraum vorzustoßen, waren die Menschen am Ende des Mittelalters bestrebt, neue Kenntnisse über die Erde und ihre Stellung im Weltall zu gewinnen. Sie stellten sich zunächst die Erde als den ruhenden Mittelpunkt des Weltalls vor, um den herum Sonne und Sterne kreisen. Die Erde selbst dachten sich die meisten als Scheibe , die rings vom Weltmeer umgeben sei. An ihrem Südrand herrschte, so meinten sie, eine unerträgliche Hitze, die jedes Leben unmöglich mache. Mit Beginn des 14. Jahrhunderts setzte sich in Europa allmählich die Ansicht der arabischen Gelehrten durch, dass die Erde eine Kugel sei. Die Auffassung hatten sie von den griechischen Astronomen übernommen und glaubten, diese auf ihren weiten Reisen bestätigt zu finden.

1 Aus: Zeiten, Völker und Kulturen 2, Wien 1976

Erst im 15. Jahrhundert waren die Gelehrten allgemein der Ansicht, dass die Erde Kugelgestalt habe und sich um ihre Achse drehe. Dass sie nicht der Mittelpunkt des Weltalls ist, sondern sich um die Sonne dreht, bewies erst am Beginn des 16. Jahrhunderts der berühmte Mathematiker und Astronom Nikolaus Kopernikus.
Die Ansicht über die Kugelgestalt der Erde verwertete der Nürnberger Martin Behaim zum Bau des ältesten uns bekannten Globus. Er zog auch Reiseberichte bei der Herstellung des „Erdapfels" heran, obwohl er sich rühmte, selbst ein Drittel der Welt gesehen zu haben.

Das Wichtigste aus folgendem Text herausschreiben!
Zuerst die Leitwörter suchen und unterstreichen!

Die Umseglung Afrikas[1]

Bis in die Mitte des 14. Jahrhunderts vollzog sich der Handel zwischen den Ländern Europas und dem Orient ungestört. Dies änderte sich jedoch, als die Osmanen Vorderasien unter ihre Herrschaft brachten. Sie sperrten den arabischen Zwischenhändlern den Weg zu den Küstenplätzen des Mittelmeeres und legten damit auch den italienischen Handel lahm. Man musste einen anderen Weg finden, um selber in jene Länder zu gelangen, aus denen die begehrten Waren kamen. Das ersehnte Ziel war das märchenhaft reiche Indien. Es war bekannt, dass die Araber dieses Land von der Ostküste Afrikas mit Hilfe des Sommermonsums, eines günstigen Südwestwindes, erreichten. Gelang es erst einmal, das unbekannte Afrika zu umfahren, dann lag der Weg nach Indien offen.
Italienische Seefahrer waren die Ersten, die entlang der Westküste Afrikas nach Süden vorstießen. Ihnen folgten im 15. Jahrhundert die Portugiesen. Sie entdeckten um 1460 die Kap-Verde-Inseln und gelangten bis in den Golf von Guinea. Aber die Wissbegierde und das Gold, das sie zu finden hofften, lockten immer weiter.
Bald überquerten die kühnen Seefahrer den gefürchteten Äquator, und in einer großen Fahrt erreichte der Portugiese Bartolomëu Diaz die Südspitze Afrikas (1487). Schließlich umsegelte sein Landsmann Vasco da Gama den „dunklen" Erdteil und fand an der Ostküste einen Stützpunkt der arabischen Schifffahrt. Hier nahm er einen Lotsen an Bord und fuhr mit dessen Hilfe nach Indien (1498). Die arabischen Kaufleute waren über das Erscheinen der Fremdlinge nicht erfreut und suchten die indischen Fürsten gegen sie aufzuwiegeln. Die Portugiesen aber waren nicht gewillt, das Land, das sie nach so vielen Schwierigkeiten betreten hatten, aufzugeben. Sie gingen vielmehr daran, mit Gewalt ein Kolonialreich in Indien aufzubauen.

1 Aus: Zeiten, Völker und Kulturen 2, Wien 1976

Plutarch

Alexander und Diogenes[1]

Die Griechen hatten auf dem Isthmos von Korinth einen Kongress abgehalten und beschlossen, mit Alexander gegen die Perser einen Kriegszug zu unternehmen, zu dessen Führer sie ihn wählten. Da bei dieser Gelegenheit viele Staatsmänner und Philosophen ihm die Aufwartung machten und Glück wünschten, dachte er, dass auch Diogenes von Sinope, der sich eben in Korinth aufhielt, ein Gleiches tun werde. Aber dieser blieb ungestört in seiner Ruhe im Kraneion, einem Zypressenhain vor der Stadt, ohne sich im Geringsten um Alexander zu kümmern; daher begab sich dieser selbst zu ihm.

Diogenes lag eben an der Sonne; als aber so viele Leute auf ihn zukamen, richtete er sich ein wenig in die Höhe und sah Alexander starr an. Dieser grüßte ihn freundlich und fragte, womit er ihm dienen könne; da antwortete der Philosoph: „Geh mir nur ein wenig aus der Sonne!"

Alexander war betroffen, und trotz der ihm bezeigten Verachtung bewunderte er den Stolz und die Seelengröße des Mannes. Als seine Begleiter beim Weggehen darüber scherzten und lachten, rief er aus: „Wahrlich, wenn ich nicht Alexander wäre, so möchte ich Diogenes sein!"

Welche Sachverhalte sind in diesem Text wichtig?
Diese in vier bis fünf Sätzen niederschreiben und dann mit folgender zusammenfassender Erklärung vergleichen!

Alexander der Große bewunderte die Gelassenheit und Bescheidenheit des Diogenes sehr.

Wenn auch alle Staatsmänner und Philosophen auf dem Isthmos von Korinth zu Alexander eilten, so kümmerte sich Diogenes, der ebenfalls dort weilte, überhaupt nicht um Alexander.

Als schließlich dieser zu ihm kam, hatte Diogenes nur eine Bitte: Alexander möge ihm nur ein wenig aus der Sonne gehen. So selbstbewusst war Diogenes.

Alexander war zunächst betroffen; dann aber erkannte er die Größe und Abgeklärtheit des Philosophen und meinte, wenn er nicht Alexander wäre, so möchte er Diogenes sein.

1 Aus: Welt im Wort, Bd. 4

Die lateinische Sprache[1]

Die lateinische Sprache war die Sprache der alten Römer, eines Volkes, das von der Stadt Rom in der italienischen Landschaft Latium seinen Ausgang nahm. Von dieser Landschaft Latium hat das Lateinische seinen Namen. Das tüchtige und tatkräftige Volk der Römer breitete nach und nach seine Herrschaft nicht nur über ganz Italien, sondern über den größten Teil der damals bekannten Welt aus. Es schuf ein Weltreich, das nicht bloß seine Sprache den Völkern rings um das Mittelmeer vermittelte, sondern auch die Durchdringung des gesamten Raumes mit der griechisch-römischen Kultur ermöglichte. Auch das Gebiet Österreichs gehörte bis zur Donau mehrere Jahrhunderte lang zu diesem Reich und nahm an seiner Kultur teil. Viele Ausgrabungsfunde aus unserem Land zeugen davon.

Ein viel beredteres Zeugnis aber gibt unsere Sprache. Nach mehr als tausendjähriger Herrschaft ging zwar das Weströmische Reich in den Wirren der Völkerwanderung unter, die lateinische Sprache aber – die Sprache der Römer – war das ganze Mittelalter hindurch keine tote Sprache. Als nämlich Karl der Große sein Reich aufbaute, war die deutsche Sprache noch nicht so weit entwickelt, dass sie in allen Belangen die Nachfolge der lateinischen Sprache antreten konnte. So blieb diese die Sprache des staatlichen Verkehrs, sie wurde in den Schulen gesprochen und war die Sprache der Gebildeten und der Wissenschaft überhaupt. Noch heute verwenden Arzt und Apotheker das Lateinische zur Bezeichnung von Krankheiten und Heilmitteln. Die lateinische Sprache war auch die Sprache der Kirche und ist es in der römisch-katholischen Kirche im Wesentlichen bis heute geblieben, wo sie die weltweite Einheit unterstreicht und erhalten hilft.

Aus dem Lateinischen hervorgegangen sind die so genannten romanischen Sprachen: Italienisch, Französisch, Spanisch, Portugiesisch und Rumänisch. Diese Tochtersprachen des Lateinischen haben noch heute große Ähnlichkeit mit der Sprache, aus der sie sich entwickelten. Aber auch andere Sprachen zeigen starke Einflüsse des Lateinischen, so das Englische und – wie gesagt – das Deutsche. Der Grund dafür ist nicht so schwer zu erkennen. Haben doch unsere Vorfahren viele wertvolle Güter der Wissenschaft und der Bildung, aber auch viele praktische Kenntnisse und Gegenstände des täglichen Lebens erst durch die Römer kennen gelernt und mit diesen Dingen auch deren lateinische Namen übernommen.

a) Das Wichtigste aus jedem Absatz herausschreiben!

b) Wovon handelt der Text? (Diese Frage mit zwei bis drei Sätzen beantworten!)

c) Wovon handeln die Absätze? (Diese Fragen mit mehreren Sätzen beantworten!)

1 Aus: Liber Latinus 1, Wien 1982

DAS ERKLÄREN VON TEXTEN MIT PERSÖNLICHER MEINUNGSBILDUNG

Man soll Texte nicht nur einfach nacherzählen, sondern sich trauen, seine eigene Meinung zu äußern. Bei literarischen Texten wie Fabeln, Anekdoten und Parabeln genügt oft ein einziger Satz, mit dem man seine Meinung ausdrückt.

Fabeln

Auf den Bildschirmen erscheint der Aufsatz eines Mädchens aus dem Jahre 2010. Sie hat die Fabel „Die Schnecke und der Hase" nacherzählt und am Schluss ihre persönliche Sicht wiedergegeben.

Die Schnecke und der Hase

Einst kroch eine Schnecke langsam auf der Straße entlang. Da schoss ein Hase mit wilden Zickzacksprüngen zu ihr hin und sprach sie an: „Ei, ei, heute schon unterwegs? Aber da du so langsam bist, will ich dich gerne mitnehmen." Da sagte die Schnecke: „Ich gehe lieber langsam. ‚Eile mit Weile', so heißt das Sprichwort." Der Hase sprang beleidigt davon. Ein paar Minuten später hörte die Schnecke einen Schuss. Als sie an die Stelle kam, lag dort der erschossene Hase.
So hatten sich ihre Worte bewahrheitet.
Es heißt also nicht, dass der Schnellere auch schneller ans Ziel gelangt. Der Hase lebt ein gefährlicheres Leben als die Schnecke. Sie ist mit ihrer Geschwindigkeit zufrieden und lebt dadurch sicherer.

Über folgende zwei Fabeln schreiben! Nicht vergessen, auch die eigene Meinung darzulegen!

Franz Grillparzer

Diplomatischer Rat[1]

Ein Marder fraß die Hühner gern,
doch wusst' er nicht, wie sie erhaschen;
er fragt den Fuchs, 'nen alten Herrn,
dem Steifheit schon verbot das Naschen.
Der sagt' ihm: „Freund, der Rat ist alt;
Was hilft's zu zögern? Brauch Gewalt!"
Der Marder stürmt in vollem Lauf;
Die Hühner aber flattern auf,
die einen gackernd, kreischend jene,
gerade in des Fuchses Zähne,
der gegenüber lauernd lag
und mühelos hielt den Erntetag.
Wenn du nach Hühnern lüstern bist,
frag keinen, der sie selbst gern frisst!

Äsop

Der Vorwand [2]

Der Wolf kam an einen Bach, um dort seinen Durst zu löschen. Da gewahrte er ein Lamm, das ein Stück unterhalb aus dem Bache trank.
„Warum trübst du mir das Wasser, das ich trinken will?", wollte er wissen. „Wie kann ich das Wasser trüben, das von dir zu mir herabfließt?", antwortete das Lamm.
„Jedenfalls weiß ich", sagte der Wolf, „dass du vor fünf Monden übel von mir geredet hast."
„Wie sollte das möglich sein?", erwiderte das Lamm. „Damals war ich noch gar nicht geboren."
„Dann ist es dein Vater gewesen", schrie der Wolf und zerriss das Lamm, um es zu verschlingen.
Für seine Untaten ist dem Bösewicht jeder Vorwand recht.

1 Aus: Franz Grillparzer, Gedichte, Cotta, Stuttgart, 1872
2 Aus: Paul Alverdes (Hg.), Fabeln der Welt, München 1962

Für besonders Fleißige! Zusätzlich zu allen Fabeln des Lesebuches einen geeigneten persönlichen Schluss schreiben!

Auch zu den folgenden Übungstexten Nacherzählungen mit persönlichem Schluss schreiben!

Anekdoten

Nach Plutarch

Aristeides[1]

Die Athener begegneten oft jenen mit Missgunst, die sich durch ihren Ruf und Namen über die große Menge erhoben. Auch der gerechte Aristeides blieb vom Neid und der Wankelmütigkeit des Volkes nicht verschont: Er sollte durch das Scherbengericht für zehn Jahre aus der Stadt gewiesen werden. Als über ihn gestimmt wurde, reichte ein unwissender Bauer, der nicht einmal schreiben konnte, dem Aristeides, ihn für einen gewöhnlichen Bürger haltend, seine Scherbe hin und bat ihn, den Namen des Aristeides darauf zu schreiben. „Was hat er dir denn zuleide getan?", fragte Aristeides den Bauern. „Gar nichts", antwortete dieser, „ich kenne den Mann nicht einmal, aber es ärgert mich, dass man ihn überall den Gerechten nennt." Ohne ein Wort zu erwidern, schrieb Aristeides seinen eigenen Namen auf die Scherbe und gab sie dem Landmann.

Johannes Peter Hebel

Schlechter Lohn[2]

Als im letzten preußischen Krieg der Franzos nach Berlin kam, in die Residenzstadt des Königs von Preußen, da wurde unter anderem viel königliches Eigentum weggenommen und fortgeführt oder verkauft. Denn der Krieg bringt nichts, er holt. Was noch so gut verborgen war, wurde entdeckt und manches davon zur Beute gemacht, doch nicht alles. Ein großer Vorrat an königlichem Bauholz blieb lange unverraten und unversehrt. Doch kam zuletzt noch ein Spitzbube von des Königs eigenen Untertanen, dachte, da ist ein gutes Trinkgeld zu verdienen, und zeigte dem französischen Kommandanten mit schmunzlicher Miene und spitzbübischen Augen an, was

1 Aus: Lebensbeschreibungen, Goldmann-Taschenbücher 1432/33
2 Aus: Johann Peter Hebel, Schatzkästlein des Rheinischen Hausfreundes , Reclam, Stuttgart 1981

für ein schönes Quantum von eichenen und tannenen Baumstämmen noch da und da beisammenliege, woraus manch Tausend Gulden zu lösen wären. Aber der brave Kommandant gab schlechten Dank für die Verräterei und sagte: „Lasst Ihr die schönen Baumstämme nur liegen, wo sie sind. Man muss dem Feind nicht sein Notwendigstes nehmen. Denn wenn Euer König wieder ins Land kommt, so braucht er Holz zu neuen Galgen für so ehrliche Untertanen, wie Ihr einer seid."
Das muss der rheinländische Hausfreund loben, und wollte gern aus seinem eigenen Wald ein paar Stämmlein auch hergeben, wenn's fehlen sollte.

Parabeln

Marie von Ebner-Eschenbach

Verlorene Zuversicht[1]

Vor Jahren lebte in einer großen Handelsstadt ein Mann, dem alles, was er unternahm, gelang, den niemals ein Missgeschick traf, der von der Jugend an bis ins reife Alter nur Freude und Erfolg erlebte und nur Dankbarkeit und Treue erfuhr. Plötzlich verwandelte sich sein Los; er sank ins Elend; er lernte den Undank und die Bosheit kennen, und allem, was er liebte, drohte Gefahr. Ebenso rasch jedoch, als es sich von ihm gekehrt, kam das Glück ihm zurück, ersetzte ihm zehnfach, was er verloren hatte, überschüttete ihn und die, die ihm teuer waren, von neuem mit seinen reichsten Gaben.
„Nun", fragte jemand, „bist du zufrieden? Du hast es wieder, dein Glück."
„Ach", antwortete er, „wo ist meine Zuversicht! Ich habe ein Glück wieder, das mich schon einmal verlassen hat."

Johann Gottfried Herder

Alles zum Guten[2]

Immer gewöhne sich der Mensch zu denken: „Was Gott schickt, ist gut; es dünke mir gut oder böse."
Ein frommer Weiser kam vor eine Stadt, deren Tore geschlossen waren; niemand wollte sie ihm öffnen: Hungrig und durstig musste er unter freiem Himmel übernachten.

1/2 Aus: Deutsche Parabeln, Reclam, Stuttgart 1982

Er sprach: „Was Gott schickt, ist gut", und legte sich nieder.
Neben ihm stand sein Esel, zu seiner Seite eine brennende Laterne, um der Unsicherheit willen in derselben Gegend. Aber ein Sturm entstand und löschte das Licht aus: Ein Löwe kam und zerriss den Esel. Er erwachte, fand sich allein und sprach: „Was Gott schickt, ist gut." Er erwartete ruhig die Morgenröte.
Als er ans Tor kam, fand er die Tore offen, die Stadt verwüstet, beraubt und geplündert. Eine Schar Räuber war eingefallen und hatte eben in dieser Nacht die Einwohner gefangen geführt oder getötet. Er war verschont. „Sagte ich nicht", sprach er, „dass alles, was Gott schickt, gut sei? Nur sehen wir meistens am Morgen erst, warum er uns etwas des Abends versagte."

Aus dem Lesebuch weitere Anekdoten und Parabeln heraussuchen und mindestens je einen Text dazu verfassen!

Balladen

Die Gliederung kann folgendermaßen sein:

Einleitung: Kurze Erklärung des Themas

Hauptteil: 1. Inhaltsangabe
2. Erklärung der Probleme/des Problems

Schluss: Zusammenfassung und eigene Meinung

Zum Beispiel:

Johann Wolfgang Goethe

Legende[1]

Als noch, verkannt und sehr gering,
Unser Herr auf der Erde ging,
Und viele Jünger sich zu ihm fanden,
Die sehr selten sein Wort verstanden,
Liebt er sich gar über die Maßen,
Seinen Hof zu halten auf den Straßen,
Weil unter des Himmels Angesicht
Man immer besser und freier spricht.
Er ließ sie da die höchsten Lehren
Aus seinem heiligen Munde hören;
Besonders durch Gleichnis und Exempel
Macht' er jeden Markt zum Tempel.

So schlendert er in Geistes Ruh
Mit ihnen einst einem Städtchen zu,
Sah etwas blinken auf der Straß,
Das ein zerbrochen Hufeisen was.
Er sagte zu Sankt Peter drauf:
„Heb doch einmal das Eisen auf!"
Sankt Peter war nicht aufgeräumt,
Er hatte soeben im Gehen geträumt,
So was vom Regiment der Welt,
Was einem jeden wohl gefällt:
Denn im Kopf hat das keine Schranken;
Das waren so seine liebsten Gedanken.
Nun war der Fund ihm viel zu klein,
Hätte müssen Kron und Szepter sein;
Aber wie sollt er seinen Rücken
Nach einem halben Hufeisen bücken?
Er also sich zur Seite kehrt
Und tut, als hätt er's nicht gehört.

1 Aus: Beate Pinkerneil (Hg.), Das große deutsche Balladenbuch, Athenäum, 1978

Der Herr nach seiner Langmut, drauf
Hebt selber das Hufeisen auf,
Und tut auch weiter nicht dergleichen.
Als sie nun bald die Stadt erreichen,
Geht er vor eines Schmiedes Tür,
Nimmt von dem Mann drei Pfennig dafür.
Und als sie über den Markt nun gehen,
Sieht er daselbst schöne Kirschen stehen,
Kauft ihrer so wenig oder so viel,
Als man für einen Dreier geben will,
Die er sodann nach seiner Art
Ruhig im Ärmel aufbewahrt.

Nun ging's zum anderen Tor hinaus,
Durch Wies und Felder ohne Haus,
Auch war der Weg von Bäumen bloß;
Die Sonne schien, die Hitz war groß,
So dass man viel an solcher Stätt
Für einen Trunk Wasser gegeben hätt.
Der Herr geht immer voraus vor allen,
Lässt unversehens eine Kirsche fallen.
Sankt Peter war gleich dahinter her,
Als wenn es ein goldner Apfel wär;
Das Beerlein schmeckte seinem Gaum.
Der Herr nach einem kleinen Raum
Ein ander Kirschlein zur Erde schickt,
Wonach Sankt Peter schnell sich bückt.

So lässt der Herr ihn seinen Rücken
Gar vielmal nach den Kirschen bücken.
Das dauert eine ganze Zeit.
Dann sprach der Herr mit Heiterkeit:
„Tätst du zur rechten Zeit dich regen,
Hättst du's bequemer haben mögen.
Wer geringe Dinge wenig acht't,
Sich um geringere Mühe macht."

Einleitung:
In dieser Ballade behandelt Goethe eine Legende, in der Jesus Petrus lehrt, das Kleine zu schätzen und im richtigen Augenblick das Wesentliche zu unternehmen.

Hauptteil:
Als Jesus mit seinen Jüngern über die staubigen Straßen zieht und den Menschen predigt, finden sie ein zerbrochenes Hufeisen. Petrus ist dieser Fund zu gering, um sich danach zu bücken. Jesus hebt es auf, verkauft es einem Schmied und besorgt dafür Kirschen. Als sie dann weiterziehen und es sehr heiß ist, lässt Jesus einzelne Kirschen fallen, nach denen Petrus sich eifrig bückt. Jesus erheitert das, und er meint, dass Petrus sich rechtzeitig nach dem Hufeisen hätte bücken sollen. Er hätte sich nur einmal die Mühe machen müssen.

Schluss:
Wir sollen also rechtzeitig erfassen, worin der Wert einer Sache liegt. So können wir mit unseren Kräften haushalten und sie im rechten Augenblick gut einsetzen.

Beachte!
Die **Einleitung** weist auf das **Thema.**
Der **Hauptteil** bringt den **Inhalt in der Gegenwart**.
Der **Schluss** bringt die **Moral** der Geschichte.

Nach diesem Muster folgende Ballade erklären!

Theodor Storm

Weihnachtsabend[1]

Die fremde Stadt durchschritt ich sorgenvoll,
Der Kinder denkend, die ich ließ zu Haus.
Weihnachten war's; durch alle Gassen scholl
Der Kinderjubel und des Markts Gebraus.

Und wie der Menschenstrom mich fortgespült,
Drang mir ein heiser Stimmlein in das Ohr:
„Kauft, lieber Herr!" Ein magres Händchen hielt
Feilbietend mir ein ärmlich Spielzeug vor.

1 Aus: Beate Pinkerneil (Hg.), Das große deutsche Balladenbuch, Athenäum, 1978

Ich schrak empor, und beim Laternenschein
Sah ich ein bleiches Kinderangesicht;
Wes Alters und Geschlechts es mochte sein,
Erkannt ich im Vorübertreiben nicht.

Nur von dem Treppenstein, darauf es saß,
Noch immer hört ich mühsam, wie es schien:
„Kauft, lieber Herr!“ den Ruf ohn Unterlass;
Doch hat wohl keiner ihm Gehör verliehn.

Und ich? – War's Ungeschick, war es die Scham,
Am Weg zu handeln mit dem Bettelkind?
Eh meine Hand zu meiner Börse kam,
Verscholl das Stimmlein hinter mir im Wind.

Doch als ich endlich war mit mir allein,
Erfasste mich die Angst im Herzen so,
Als säß mein eigen Kind auf jenem Stein
Und schrie nach Brot, indessen ich entfloh.

DAS ERKLÄREN VON SPRICHWÖRTERN UND SPRÜCHEN

Mit dem Hute in der Hand kommt man durch das ganze Land.

Wer mit dem Erklären von längeren Texten gut zurechtgekommen ist, dem wird das Erklären von Sprichwörtern nicht schwerfallen.

Dieses Sprichwort wurde von einem Buben vor etwa 1500 Jahren wie folgt erklärt:

Einleitung:

Das Sprichwort sagt uns, dass man den Hut in der Hand halten soll, um überall aufgenommen zu werden.

Haupteil:

Darunter versteht man, dass man höflich sein soll. Dann wird sich der Erfolg einstellen.

Wenn man unwillig und unhöflich von anderen etwas fordert, kann man nicht erwarten, dass diese sich besonders bemühen. Eine höflich vorgetragene Bitte hat eher Erfolg.

Margit bemerkte gestern erst knapp vor Geschäftsschluss, dass sie für die Aufgabe noch Tintenpatronen brauchte. Schnell lief sie zu dem nahe gelegenen Papiergeschäft, doch dort schloss die Verkäuferin gerade die Auslage. Margit bat höflich um die Tintenpatronen, die sie auch bekam. Wäre sie ruppig und frech gewesen, hätte die Verkäuferin sie an diesem Tag sicher nicht mehr bedient.

Schluss:

Man muss nicht unterwürfig sein; aber über eine angemessene Höflichkeit freuen wir uns und sollten sie daher auch den anderen erweisen. Damit schafft man die Möglichkeit, dass der andere mehr unternimmt als das, wozu er verpflichtet wäre.

In der **Einleitung** wird der **Inhalt** des Sprichwortes erzählt.
Im **Hauptteil** stehen die **übertragene Bedeutung** und ein oder mehrere Beispiele.
Den **Schluss** bilden **Erklärung und Anwendung.**

Zwei oder drei der folgenden Sprichwörter auswählen und sie erklären!

Kein Meister ist vom Himmel gefallen.
Wer anderen eine Grube gräbt, fällt selbst hinein.
Was Hänschen nicht lernt, lernt Hans nimmermehr.
Wie man in den Wald hineinruft, tönt es zurück.
Wie gewonnen, so zerronnen.
Wer einmal lügt, dem glaubt man nicht, und wenn er auch die Wahrheit spricht.
Viele Hunde sind des Hasen Tod.

Sprüche sind ähnlich wie Sprichwörter zu behandeln – zum Beispiel:

Goethe: Wer fremde Sprachen nicht kennt, weiß nichts von seiner eigenen.

Gliederung:

Einleitung:
Goethe empfiehlt uns in diesem Spruch, andere Sprachen zu lernen.

Hauptteil:
Erst wenn wir von anderen Sprachen etwas verstehen, können wir abschätzen, wie wertvoll unsere eigene ist; denn nur durch den Vergleich können wir Schönheit, Ausdrucksmöglichkeit und Genauigkeit einer Sprache erkennen.

Schluss:
Allgemein kann man sagen, dass wir alles erst durch den Vergleich einschätzen lernen.

Ausarbeitung:

Johann Wolfgang Goethe empfiehlt uns in diesem Spruch, Fremdsprachen zu lernen. Wenn wir eine fremde Sprache kennen, werden wir die eigene aus einer ganz anderen Sicht betrachten.
Uns kommt kaum zu Bewusstsein, welche verschiedenartigen Möglichkeiten unsere eigene Sprache anbietet, etwas auszudrücken. Erst wenn wir etwas übersetzen müssen, fällt uns das auf.
Es ist aber nicht nur der Ausdruck, sondern auch die Bildung der Laute, die uns oft in der anderen Sprache schwierig und ungewohnt erscheint, in der eigenen aber plötzlich angenehm und natürlich. Dagegen erkennen wir oft, dass manche Beschreibungen in der Fremdsprache genauer sein können.
Auch die eigene Grammatik erfassen wir erst richtig, wenn wir eine fremde erlernen müssen.
Nicht zuletzt kann man von der Schönheit einer Sprache erst sprechen, wenn man Vergleiche hat.
Allgemein muss man sagen, dass vieles nur durch einen Vergleich beurteilt werden kann.

Mindestens drei der folgenden Sprüche erklären!

Chinesischer Spruch[1]

So lange du dem anderen sein Anderssein nicht verzeihen kannst,
bist du noch weitab von der Weisheit:

Angelus Silesius[2]

Viel haben macht nicht reich.
Der ist ein reicher Mann,
der alles, was er hat,
ohn' Leid verlieren kann.

Johann Wolfgang Goethe[3]

Wer mit dem Leben spielt,
Kommt nie zurecht;
Wer sich nicht selbst befiehlt,
Bleibt immer Knecht.

Friedrich Schiller[4]

Teuer ist mir der Freund,
doch auch den Feind kann ich nützen.
Zeigt mir der Freund, was ich kann,
lehrt mich der Feind, was ich soll.

ERÖRTERN OHNE TEXTVORLAGEN

Warum gehen wir gerne baden?

Stoff sammeln zum Thema:

a) aus Freude an Bewegung
b) zur Abkühlung an heißen Tagen
c) zum körperlichen Training
d) um Freunde zu treffen und mit ihnen gemeinsam zu schwimmen und zu spielen

1 Aus: Quellen chinesischer Weisheit, Leobuchhandlung, St. Gallen 1972
2 Aus: Des Angelus Silesius Cherubinischer Wandersmann, Diederich, Jena 1923
3 Aus: Gedichte und Singspiele, Bd. 3, Berliner Ausgabe, Freizeit-Bibliothek
4 Aus: Gesammelte Werke in fünf Bänden (hg. von R. Netolitzky), Bertelsmann/Deutsche Buchgemeinschaft/Donauland

e) um braun zu werden
f) um schwimmen zu lernen
g) um tauchen zu lernen
h) um andere Schwimmarten zu erlernen
i) um Luft, Sonne und Wasser zu genießen

j) ....

Diese Liste ergänzen!

Wer über solch ein Thema einen Text schreiben will, muss wie sonst aufbauen:

Gliederung:

Einleitung: allgemein oder vom Schreiber ausgehend

Hauptteil: Hier muss man die einzelnen Punkte in ganzen Sätzen zusammenhängend erklären.

Schluss: Zusammenfassung oder eigene Meinung

Nun den Text verfassen!

Beantworten von Fragen:

Welche Sportgeräte braucht man bei folgenden Sportarten?

Mit einem Fahrrad kann man:
fahren, flitzen, sausen, kurven, Rennen veranstalten ...

Noch einige Möglichkeiten aufschreiben und mit fünf verschiedenen Verben Sätze bilden!

Begründen:

Warum ist Skifahren in Österreich so beliebt?

Dies in einigen Sätzen begründen!

Vor etwa 1500 Jahren befanden sich die irdischen Schülerinnen und Schüler in folgender Situation: Manche müssen während des Nachmittags in Tagesheimen ihre Aufgaben schreiben, einige bei Freunden, viele zu Hause bei den Eltern oder den Großeltern.

Versetzt euch in deren Lage und führt die folgenden Aufgaben aus!

In ein oder zwei Sätzen begründen, warum es Tagesheime gibt!

Erklären, warum oft nur die Mutter am Nachmittag zu Hause ist oder warum manche Kinder ihre Lern- und Freizeit bei den Großeltern oder Freunden verbringen!

Erklären, was ein Schlüsselkind ist.

Für ganz Fleißige:

Eine Überschrift zu den oben genannten Themen suchen!
Eine Einleitung schreiben (man kann von den Problemen einzelner Kinder ausgehen)! Einen zusammenfassenden Schluss schreiben!

Wählen der richtigen Wörter:

Es gibt eine Reihe von Wörtern, die nur in der Schule und nur von Schülern verwendet werden.

Zum Beispiel:

schwätzen	*stucken*
schwindeln	*strebern*
Streber(in)	*schummeln*
Musterschüler	*Fleck*
....	*durchfliegen*
....	*angestrebert sein*
....	....
....	....
....	....
....	....

Die obige Liste ergänzen!

Manche **Redensarten,** die mitunter verwendet werden, stammen aus anderen Lebensbereichen.

Zum Beispiel:

jemandem einen Bären aufbinden	*Jägerlatein*
auf glühenden Kohlen sitzen	*aus der Sprache der Schmiede*

Aus folgender Liste einige Redewendungen aussuchen und sie erklären!

Zum Beispiel: „Wie ein Drescher essen." Früher mussten die Bauern das Korn ohne Maschinen dreschen. Das strengte sehr an und machte hungrig. So entstand diese Redewendung.

Schwein haben	*aus der Sprache der ...*
wie ein Drescher essen	....
die erste Geige spielen	....
einen Dämpfer aufsetzen	....
über die Schnur hauen	....
andere Saiten aufziehen	....
jemanden aufs Korn nehmen	....
ausgelassen sein	....
das ist Wasser auf meiner Mühle	....
auf falscher Fährte sein	....
Farbe bekennen	....
die Segel streichen	....
einen Baum aufstellen	....
die Flinte ins Korn werfen	....
einen Streit vom Zaun brechen	....
vor Torschluss heimkommen	....

Von den Satzerklärungen zum Text:

Wenn nur alles richtig gelaufen wäre!

So mancher irdische Schüler rauft sich die Haare, wenn er bei der Schularbeit nicht so abschneidet, wie er es sich wünscht. Meist kennt er nur zu gut die Gründe.

Er hat zu spät zu lernen begonnen,
ist unausgeschlafen gewesen,
hat in der Vorwoche in der Schule gefehlt,
hat sich nicht genau ausgekannt,
ist zu stolz gewesen, die anderen um Rat zu fragen,
ist zu optimistisch gewesen und hat geglaubt,
dass es schon irgendwie klappen würde,
hat auf Glück gehofft und die Sachlage nicht überschaut.

Die Punkte ordnen und einen Text darüber verfassen, warum ein Schüler (dem man einen Namen geben kann) bei der Mathematik-Schularbeit versagt hat!
Eine passende Überschrift suchen!

Wie man eine Erörterung erarbeitet:

1. Stoff sammeln;
2. die gesammelten Punkte ordnen;
3. die Punkte/Schlagwörter in Sätze formen;
4. die Sätze sinnvoll in Zusammenhang bringen;
5. Übergänge bilden;
6. eine allgemeine Einleitung schreiben oder einen direkten Einstieg verfassen;
7. den Schluss allgemein abfassen oder persönlich Stellung nehmen;
8. in der richtigen Reihenfolge die Reinschrift schreiben!

Antworten auf das folgende Thema suchen:

Warum soll man Tiere nicht quälen?

Nach dem vorgelegten Schema arbeiten!!

Weitere Themen:

Warum putzt man sich die Zähne?
Warum muss man in die Schule gehen?
Warum muss man sich an die Verkehrsregeln halten?
Warum soll man seine Heimat kennen?
Warum soll man zuhören können?

Zu drei der angeführten Themen eine Stoffsammlung aufschreiben, sie ordnen und die Themen ausführen!

„Probleme"

Wer hat sie nicht? Junge Erdlinge haben darum beschlossen, in ihrer Klasse einen Wunsch- und Beschwerdebriefkasten einzuführen.

Vorteile:
Die Scheu vor den Lehrern fällt weg.
Man muss nicht Angst haben, dass einem wegen einer Bemerkung Nachteile entstehen.
Auch Schüchterne würden sich vorwagen. Viele unausgesprochene Probleme würden bekannt und könnten besprochen werden.

Nachteile:
Schriftliche Fragen, Wünsche und Beschwerden können oft nicht 100-prozentig beantwortet werden, weil der Beantworter keine direkten zusätzlichen Informationen bekommen kann.
Wichtigeres wird vorgezogen oder wesentlicher beantwortet.
Manche Themen fallen unter den Tisch.

Welche der angeführten Gründe könnte man streichen und welche neuen hinzufügen?

Bei der schriftlichen Ausarbeitung eines solchen Themas auf folgende Gliederung nicht vergessen:

Einleitung: Anlass

Hauptteil: Vor- und Nachteile

Schluss: Zusammenfassung oder persönliche Meinung

Zum Beispiel:

Ein Wunsch- und Beschwerdebriefkasten:
Vor- und Nachteile

Einleitung:
Neulich haben wir darüber gesprochen, ob wir in unserer Klasse einen Wunsch- und Beschwerdebriefkasten aufhängen sollen.

Hauptteil:
Einige waren dagegen, weil die Lehrer sich vielleicht nur die wichtigsten oder angenehmsten Themen zur Diskussion heraussuchen werden. Außerdem behaupteten sie, dass man schriftliche Fragen nicht 100-prozentig beantworten könne, weil man keine zusätzlichen Informationen bekommt.
Dagegen wehrten sich viele: Wenn ein Problem besprochen wird, kann man mitdiskutieren und bei Unklarheiten Zusätzliches sagen. Die Themen seien festgestellt und könnten nicht in Vergessenheit geraten. Auch Schüchterne könnten ihre Anliegen aufschreiben und dadurch vorbringen. Die Scheu vor den Lehrern fällt weg, und man muss nicht Angst haben, durch ein ungeschicktes Wort oder ein unangenehmes Thema ungünstig aufzufallen. Wenn man eine Frage oder ein Thema niederschreiben muss, überlegt man sich außerdem das Thema und die Wortwahl besser als sonst.

Schluss:
Somit würden durch einen Briefkasten die verschiedensten Probleme von den Schülern zur Diskussion gestellt.

Einen kurzen Titel finden!
Nun das Thema selbst ausführen! Anders als beim Beispieltext am Schluss die eigene Meinung formulieren und zu Meinungen, die dieser widersprechen, Stellung nehmen.

Mögliche Probleme:

Wozu haben wir das Klassensparen?
Könnten wir in der Schule nicht öfters fernsehen?
Arbeitsgemeinschaften vor Schularbeiten in der Schule – ja oder nein?

Zwei Themen auswählen! Einfälle sammeln und ordnen!
Einen kurzen Titel finden!
Eine Einleitung (z.B. einen direkten Einstieg) verfassen!

einen Hauptteil – Vorteile
– Nachteile

einen Schluss – (hier Stellung zum Hauptteil beziehen!)

Weitere Themen für besonders Fleißige:

Warum ich gerne lese   Warum ich mich für ... interessiere
Warum ich gerne ins Theater gehe

Für Fortgeschrittene:

Zu diesem Thema hat vor 1500 Jahren eine Schülerin positive und negative Argumente gefunden und dazu den passenden Text:

Was ist von einem schulfreien Samstag zu halten?

Positive Argumente:

zweieinhalb Tage frei für Reisen, Ausflüge, Einkäufe, Entspannung
Tagesschulheime nicht nötig, da Beaufsichtigung am Nachmittag
größerer Erholungseffekt möglich
mehr Zeit für familiäre Gemeinsamkeiten

Negative Argumente:

wenig Freizeit während der Woche
Unterrichtszeit und Aufgaben auf viereinhalb Tage konzentriert
Lernlücke: zweieinhalb Tage
höhere Lernanforderung während der viereinhalb Tage
je nach Schulstufe zwei bis vier Tage mit Unterricht besetzt und Hausübungen und Vorbereitungen erst am Abend möglich
nach Fernreisen Übermüdung und nicht Erholung

Einleitung: Thema noch einmal genau erörtern, eventuell Begriffe erklären

Schluss: schulfreie Tage sind bei Stundenkürzungen möglich, ein Kompromiss wäre ein freier Samstag pro Monat

Ausarbeitung:

Ein schulfreier Samstag? Das wäre eigentlich schön. Das ist doch ein Traum, der jedes Schülerherz höher schlagen lässt. Die Volksschüler haben diesen freien Samstag. Da haben sich die Eltern durchsetzen können, als man darüber abstimmte. Meine Eltern sind berufstätig und gar nicht froh, wenn ich am Nachmittag nicht beaufsichtigt bin. Viel lieber wissen sie mich in der Schule.

Bei einem schulfreien Samstag müsste ich zwei Nachmittage mehr in der Schule bleiben und wäre versorgt, meinen sie. Da bräuchte man keine Tagesschulheime.
Freitagnachmittag müsste natürlich frei sein: Da hätten wir zweieinhalb Tage frei – eine tolle Erholungspause. Wir könnten mit den Eltern größere Ausflüge machen, vielleicht auch einmal irgendwohin fliegen und diese langen Wochenenden wirklich genießen.
Aber leider bringt ein freier Samstag nicht nur Positives: Zwei, drei oder vier Nachmittage wären mit Unterricht angefüllt, und oft käme man erst am Abend zu den Aufgaben und Vorbereitungen. Das wäre auf Dauer sehr anstrengend.
Wann kann man in eine Klavierstunde gehen, Tennis spielen, Freunde besuchen, Nachhilfestunden bekommen? Am Abend? Am Wochenende? Da will man ja frei haben. Die Lernunterbrechung von Freitag bis Montag wäre groß. Und wenn man an einem dieser Tage lernen muss, weil mehr Unterrichtsstunden sind, ist die Vergessensrate höher. Man müsste öfter den gelernten Stoff wiederholen.
Ist also ein schulfreier Samstag für 10- bis 18-jährige Schüler ideal?
Leider nein, so sehr ich mir das auch wünsche.
Doch ich habe einen Vorschlag: Wenn keine Stundenkürzung möglich ist, sollte einmal im Monat eine Samstag frei sein. Die ausfallenden vier bis fünf Stunden könnte man sicher im Stundenplan unterbringen, ohne wöchentlich zwei Nachmittage zu blockieren. Schüler, Lehrer und Eltern hätten an so einem Samstag pro Monat sicher Freude und würden ihn nützen.
Oder?

Lies die Arbeit und schreibe aus der heutigen Sicht deine Meinung!

Weitere Themen:

Autostoppen – Ist das etwas für dich?
Soll es eine Schuluniform geben?
Sollen Schülerinnen und Schüler im Haushalt helfen müssen?
Sollen die Sommerferien gekürzt und dafür im Frühjahr und Herbst je eine Woche freigegeben werden?
Taschengeld? – Bekommst du nicht ohnehin das, was du brauchst?
Weihnachtssingen in Pensionistenheimen, Besuch von Pflegebedürftigen, Hilfe in sozialen Einrichtungen – Soll man bei diesen Aktivitäten mitmachen und warum?

Zwei dieser Themen aussuchen und darüber schreiben!

DER PERSÖNLICHE BRIEF

Vor der Beschäftigung mit dem nächsten Kapitel müssen die Datenträger der Computer ausgewechselt werden. Die Orioniden nützen diese Pause, um die Roboter mit den nötigen Ersatzteilen zu versehen. Beinahe jede der teuren Denkmaschinen muss einer kurzen Behandlung unterzogen werden.
Da die Orioniden zu den schweigsamsten Weltraumbewohnern zählen, fällt während der ganzen Prozedur kein einziges Wort. Man hört nur das leise Klirren der Werkzeuge. Ein einziges Mal ist ein lautes Scheppern und danach ein Aufschrei zu hören: Einem der außerirdischen Techniker ist der Arm eines Roboters auf die Zehen gefallen.
Als sämtliche Sprachroboter wieder betriebsbereit sind, leuchten bereits die Überschriften dieses Kapitels auf den Bildschirmen auf.
„Saw tsi nie Feirb, saw tsi nie Trevuk?", fragt einer der Roboter. Es ist der Roboter, dessen Arm vorhin hinuntergefallen ist. Als ihn alle Anwesenden entgeistert anschauen, wundert er sich: „Saw tsi sol?" Das Gesicht des Orioniden, der ihn repariert hat, läuft zitronengelb an (Orioniden können nämlich nicht erröten, sondern nur ergelben).
Der außerirdische Techniker hat zwei Anschlüsse im Sprechzentrum des Roboters verwechselt. Verlegen tauscht er die Stecker. Auch Orioniden können also irren.
Nach dieser kleinen Panne geht es weiter. „Briefe sind uralte Formen der Verständigung auf unserem Planeten", erklärt ein Erdling.
„Trotz Handys, Computer und interstellarer Faxgeräte sind sie noch immer von großer Wichtigkeit, wie wir gleich sehen werden. Doch zunächst zu den grundlegenden Dingen."

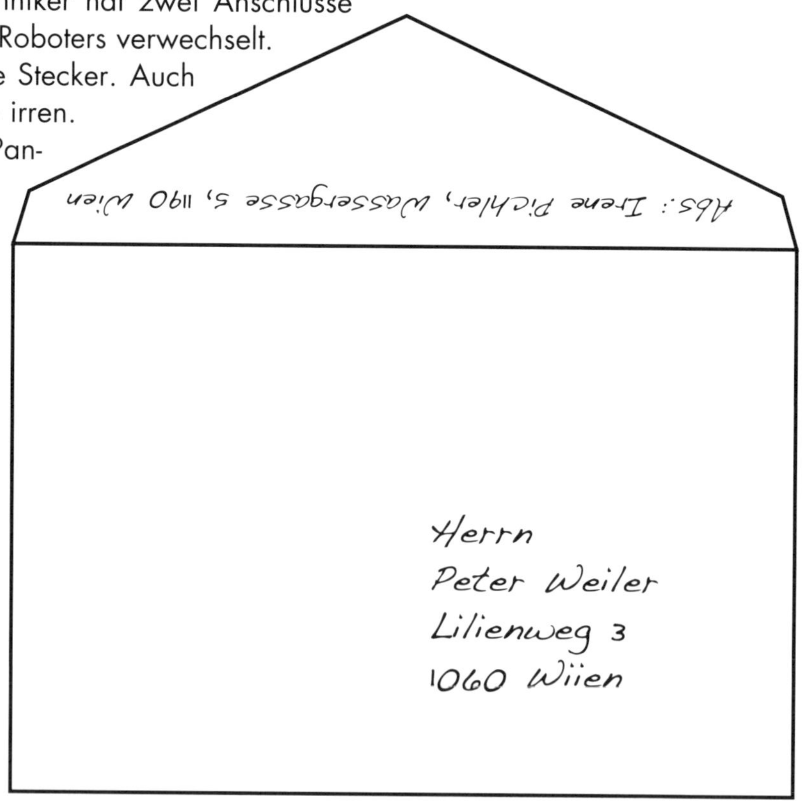

Titel werden immer vor den Namen geschrieben.
Auf der Rückseite des Kuverts muss der Absender stehen.

Zum Beispiel:

Einer der irdischen Sprachgelehrten bringt „als abschreckendes Beispiel", wie er erklärt, einen misslungenen Briefentwurf mit, den sein geklonter Neffe geschrieben hat. „Auch Klone sind nicht von Anfang an perfekt", meint er entschuldigend.

Liebe Tante!

Mir geht es gut. In der neuen Schule auf dem Mars muss ich viel lernen. Wie geht es dir? Geht es dir auch gut? Ich freue mich auf ein Wiedersehen mit dir.

Viele Grüße sendet dein
Georg

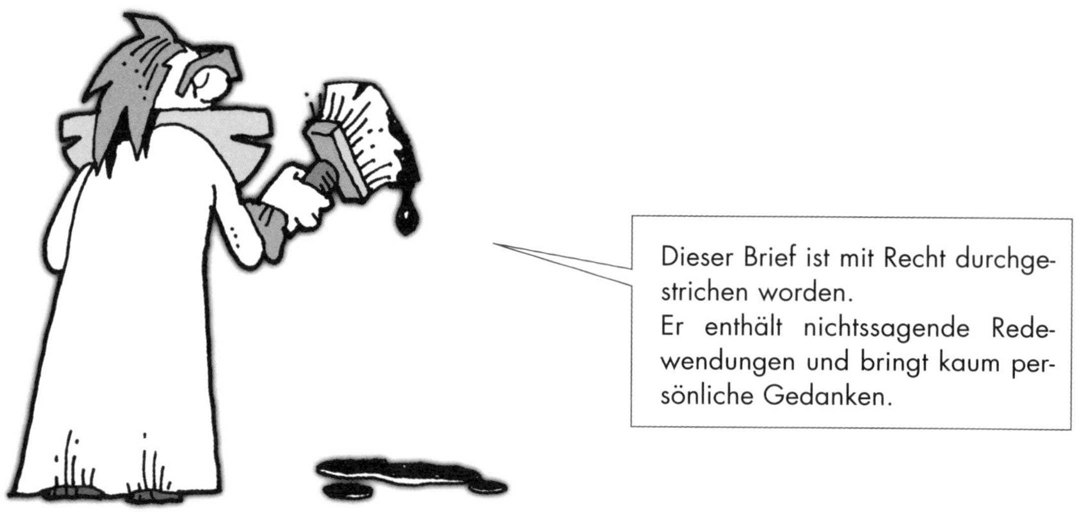

Ein Brief soll **persönliche Mitteilungen** beinhalten.
Der Empfänger ist nicht an leeren Floskeln interessiert, die nur Platzfüller sind.

„Bevor wir uns näher mit der Kunst des Briefeschreibens befassen", meint einer der Sprachwissenschaftler, „sollten wir uns mit grundlegenden Dingen auseinandersetzen, z. B. mit den Anredepronomen, dem Briefkopf und dem Briefschluss."

Zum Beispiel:

> Das Anredepronomen <u>*Sie*</u> und alle dazugehörigen Formen wie <u>*Ihnen, Ihre,*</u>... wird nicht nur in Briefen, sondern **immer groß**geschrieben.

Wie geht es Ihnen?
Haben Sie Ihre Aufgaben bereits erledigt?
Sind Sie froh darüber, dass man Ihnen Ihre Arbeit erleichtert hat?

> Das Anredepronomen *du/Du* und alle dazugehörigen Formen wie *dein/Dein, euer/Euer, ihr/Ihr,* ... darf man sowohl klein- als auch großschreiben.

Zum Beispiel:

Wie geht es dir (Dir)?
Hast du (Du) deine (Deine) Aufgabe bereits erledigt?
Seid ihr (Ihr) froh darüber, dass man euch (Euch) eure (Eure) Arbeit erleichtert hat?

Folgenden Brief abschreiben und die Anredepronomen einsetzen!

Dornbirn, 3. 6. 20 . .

Lieber Onkel Georg!

In ... letzten Brief hast ... mich gefragt, ob ich die Ferien wieder auf ... Bauernhof verbringen möchte. Selbstverständlich will ich das! Ich werde ... wieder bei der Feldarbeit und im Stall helfen. Hast ... schon den neuen Traktor geliefert bekommen? Vielleicht lässt ... mich heuer noch damit fahren?
Noch etwas muss ich ... fragen: Hast ... noch immer so viele Katzen und Tauben? Mich hat die Zutraulichkeit der Tiere, die auf ... Hof herumliefen, sehr beeindruckt. Aber nicht nur das Landleben bei ... war schön, sondern auch die Ausflüge, die ... mit mir gemacht hast. Ich freue mich schon sehr auf den Urlaub mit ... . Holst ... mich bitte wieder vom Bahnhof ab?

Viele liebe Grüße sendet
Wolfgang

Den Brief mit den richtigen Pronomen schreiben, wenn die Anrede folgendermaßen lautet:

Liebe Tante Maria, lieber Onkel Georg!

Den Brief mit folgender Anrede schreiben:

Sehr geehrter Herr Kampichler!

Der Briefkopf:

Bevor die anwesenden Orioniden wieder vom Weltraumbahnhof Salzburg abfliegen, wollen sie sich noch ein paar schöne Tage in der Stadt gönnen. Denn wann kommt ein Orionide schon nach Salzburg?
Vorher schauen sie den Sprachrobotern ein wenig bei der Arbeit zu, verstehen aber kaum etwas davon, weil sie auf diesem Gebiet erst eingeschult werden müssen.
Als das Wort „Briefkopf“ von den Bildschirmen leuchtet, glauben die Techniker vom Orion, es mit einer besonderen Schädelform zu tun zu haben. Doch ein paar klärende Worte eines der Roboter räumen das Missverständnis aus.

Dornbirn, 3. 6. 20 . .	Ort und Datum schreibt man in die rechte obere Ecke
Liebe Irene! *Letzte Woche habe ich ...*	Anrede mit Rufzeichen
Dornbirn, 3.6.20 . .	Ort und Datum
Liebe Irene, *letzte Woche habe ich ...*	Anrede mit Beistrich, mit kleinem Anfangsbuchstaben weiter

Name und Adresse des Absenders können auch in die linke obere Ecke geschrieben werden.

Zum Beispiel:

Andreas Weiler *Alser Straße 12* *1090 Wien*	*Wien, 4. 8. 20 . .*	Name und Adresse des Absenders	Ort und Datum
Liebe Andrea!		Anrede	

Beim Verfassen eines Briefes muss man immer berücksichtigen, an wen man schreibt: an eine Freundin/einen Freund, die Eltern, einen Verwandten, die Schwester/den Bruder, einen Lehrer, ein Amt usw.
Immer vorausdenken, was man erzählen will oder welches Anliegen man hat!

Danach wird sich auch die Anrede richten:

Lieber Peter! *Liebe Eltern!* *Sehr geehrte Frau Doktor!*
Meine liebe Ilse! *Sehr geehrter Herr Direktor!* *Liebe Susi und lieber Peter!*

Der Briefschluss:

Die Schlusswendung (Grußformel) – nach der übrigens kein Satzzeichen kommt – wird ebenfalls von Brief zu Brief verschieden sein.

Zum Beispiel:

Viele Grüße *Herzliche Grüße von deinem* *Mit den besten Empfehlungen*
Auf ein Wiedersehen freut sich *Herzliche Grüße sendet* *Hochachtungsvoll*
Mit bestem Dank *Viele liebe Grüße euer* *dein Brieffreund*
deine Freundin *Mit vorzüglicher Hochachtung* *deine/dein*

Einen persönlichen Brief an jemand gut Bekannten (Freund, Freundin, Tante, ...) schreiben! Sie/ihn zu einer gemeinsamen Veranstaltung (Radtour, Sportfest, Wochenende, ...) einladen!

Achtung:
Briefe sollen lebendig geschrieben und persönlich formuliert sein!

Der Sprachgelehrte, dessen Nichte und Neffe zu den wenigen Kindern gehören, die noch nicht durch Klonen entstanden sind, bringt einen Brief des Mädchens, den sie ihrer Brieffreundin geschrieben hat.
Zuerst speichert er aber das Inserat in die Computer ein, auf das seine Nichte damals geantwortet hat.

Ich heiße Maria Steinringer und suche eine Brieffreundin zwischen zwölf und vierzehn Jahren. Ich interessiere mich besonders für Musik, Lesen, Wandern und das Sammeln von Pilzen. Wer mir schreibt, soll bitte ein Foto mitsenden.
Meine Adresse: Antholzerweg 14, 9941 Kartitsch

Und nun das Antwortschreiben:

Margit Reiser *Wien, 3. 5. 20 . .*
Blumengasse 5
1080 Wien

Liebe Maria!

Auf deine Anzeige möchte ich dir sofort antworten. Ich suche selbst schon lange eine Brieffreundin, die meine Interessen teilt. Meine Freizeit verbringe ich am liebsten so wie du. Sicher wäre es schön, wenn wir in den Ferien einiges gemeinsam unternehmen könnten. In deiner Heimat kann man ja besonders viel wandern.
Ich selbst besuche die zweite Klasse an einem Gymnasium. Mein Bruder ist ein Jahr jünger als ich. Er heißt Martin. Das Foto, das ich dem Brief beigelegt habe, hat er gemacht. Sendest du mir bitte auch eine Fotografie von dir? Ich möchte ja wissen, wie du aussiehst.
Ich hoffe, dass wir bald richtige Brieffreundinnen sein werden.

Liebe Grüße von deiner zukünftigen Brieffreundin
Margit

Einen Brief an eine Brieffreundin oder einen Brieffreund verfassen! So schreiben, als würde es sie/ihn wirklich geben (sich der Freundin/dem Freund vorstellen, Interessen schreiben, Vorschläge für gemeinsame Unternehmungen machen).

DER GESCHÄFTSBRIEF

Als der Begriff „Geschäftsbrief" auf den Bildschirmen aufflimmert, haben die Orioniden vorläufig genug von diversen Sprachschulungen. Die Roboter funktionieren tadellos, und das reicht. In kurzer Zeit werden ohnehin einige dieser Blechkerle in ihrer Galaxie landen und sie mit dem Verfassen von Texten bekannt machen. Während sich die interstellaren Techniker unter einem Vorwand verabschieden, laufen bei einigen von ihnen die Köpfe vor Verlegenheit zitronengelb an.
Die Roboter aber beachten die Orioniden gar nicht. Sie speichern gerade das Muster eines Geschäftsbriefes auf ihre Festplatten:

Irene Maurer
Alser Straße 14
1090 Wien

Wien, 6. 3. 20 . .

Firma Anton Schranz
Spielwarenfabrik
Praterstraße 5
1020 Wien

Betrifft: Reklamation

Sehr geehrte Damen und Herren!

Vor vier Wochen habe ich bei Ihnen für meine Tochter eine elektrische Nähmaschine mit Batterieantrieb gekauft. Leider hat sich inzwischen herausgestellt, dass der Antrieb der Maschine viel zu schwach ist. Trotz neuer Batterien bleibt die Nadel auch im dünnsten Stoff stecken.
Ich sende Ihnen daher die Nähmaschine mit der Rechnung zurück und ersuche Sie den Fehler so bald wie möglich zu beheben oder mir eine Ersatzmaschine zuzusenden.

Hochachtungsvoll
Irene Maurer

Beilage: 1 Rechnung

Ein Geschäftsbrief sieht also folgendermaßen aus:

Name und
Adresse
des Absenders

Ort und Datum

Name und
Adresse
des Empfängers

Betrifft: . . . (wird nicht immer erforderlich sein)

Anrede
Text, in dem das Anliegen erläutert wird.

Grußformel

eventuelle Beilagen

Ein weiteres Beispiel eines Geschäftsbriefes:

Alois Maurer
Alser Straße 14
1090 Wien

Wien, 4. April 20 . .

Gasthof
Josef Fahrner
Aigen 20
2870 Kirchberg

Sehr geehrter Herr Fahrner!

In Ihrem Brief vom 22. März haben Sie angefragt, ob wir unseren nächsten Urlaub wieder bei Ihnen verbringen wollen. Da wir uns im letzten Sommer in Ihrem Haus sehr wohl gefühlt haben, möchten wir auch heuer wieder zwei Zweibettzimmer bestellen. Am liebsten wären uns die beiden Balkonzimmer, die wir im Vorjahr bewohnt haben. Ich bitte Sie, uns die Zimmer in der Zeit vom 1. bis 14. Juli zu reservieren.

Mit besten Empfehlungen

Alois Maurer

Geschäftsbriefe verfassen:

a) An eine Firma schreiben: Entweder eine Ware bestellen oder in höflicher Form Mängel reklamieren, die an einer Ware aufgetreten sind!

b) In einem Gasthof Quartier für die Familie bestellen oder das Quartier abbestellen, weil ein Familienmitglied erkrankt ist!

c) Als Besitzer(in) des Gasthofes auf den Brief von Punkt b antworten!

DAS BEWERBUNGSSCHREIBEN

Am Beginn dieses Kapitels zeigen sowohl die irdischen Sprachgelehrten als auch die Roboter Unsicherheiten. Jugendliche Weltraumbewohner bewerben sich nicht mehr um Posten, sondern werden mit Hilfe einer das All umfassenden Computerkartei den verschiedenartigsten Berufsgruppen zugewiesen. Außerdem sind im Laufe der Zeit neue Berufe entstanden, die noch vor wenigen hundert Jahren gänzlich unbekannt waren, wie zum Beispiel Asteroidenpfleger, Roboter-Therapeuten, Milchstraßen-Experten, Galaxiensucher oder Weltall-Historiker.
Nachdem die Roboter an ihren Zeitschaltknöpfen gedreht und die irdischen Wissenschaftler einige blaue Gummibären zerkaut haben, können sich alle in das Denken einer für sie fremden und rätselhaften Epoche versetzen.

> Ein Bewerbungsschreiben kann mit der Hand oder mit dem PC geschrieben werden. Als Format verwendet man DIN A4.
> Der Empfänger bildet sich aus Form, Schrift und Inhalt ein Urteil über den Bewerber.

Kopf des Bewerbungschreibens:

Name und Adresse des Absenders (Bewerbers) Telefonnummer	Passfoto
Name des Empfängers (der Firma) z. Hd. Herrn, Frau ... Adresse	Ort und Datum

> ACHTUNG: Das Passfoto kannst du auch einscannen.

Die Roboter erhalten die Aufgabe selbst ein Bewerbungsschreiben zu entwerfen. Vorher werden sie durch die irdischen Sprachgelehrten über wichtige Punkte informiert, die dabei zu beachten sind.

Wende dich in der Adresse des Empfängers an die entsprechende Kontaktperson (vorher in der Firma anfragen).
Schreib, warum du dich um den Posten bewirbst; was du derzeit machst.
Führe an, was du kannst. Weise auf deine Fähigkeiten hin, ohne dabei zu übertreiben.
Fehler dürfen in einem Bewerbungsschreiben nicht vorkommen.
Der Schluss des Schreibens soll ein Hinweis darauf sein, dass du die Bewerbung – und damit wahrscheinlich deinen zukünftigen Beruf – nicht auf die leichte Schulter nimmst.

Beispiele für den Schluss eines Bewerbungsschreibens:

Ich sehe der Arbeit in Ihrem Unternehmen mit großem Interesse entgegen.
Es wird mir eine Freude sein, in Ihrem Unternehmen zu arbeiten.
Die interessante Tätigkeit in Ihrem Unternehmen wird für mich eine motivierende Herausforderung sein.
Es würde mich freuen, wenn Sie mich zu einem persönlichen Gespräch einladen.

Ein Bewerbungsschreiben könnte folgendermaßen lauten:

Susanne Kellner
Schwarzwaldstraße 9
6900 Bregenz
Tel.: 0682/3584369

Passfoto

Lebensmittelvertrieb
Feldkircher u. Co.
Personalabteilung
z. Hd. Herrn Paul Huber
Marktstraße 25
6800 Feldkirch

Bregenz, am 3. Mai 20 . .

Bewerbung um eine Lehrstelle

Sehr geehrter Herr Huber!

Ich möchte mich um die in der Lokalzeitung vom 2. Mai ausgeschriebene Stelle eines kaufmännischen Lehrlings bewerben. Derzeit besuche ich die 5. Klasse des ORG Wolfurtstraße in Bregenz.
Ich glaube, dass ich sehr gut mit Menschen umgehen kann. Außerdem war es schon immer mein Wunsch, als Verkäuferin tätig zu sein.
Ich sehe der Arbeit in Ihrem Betrieb mit großem Interesse entgegen und würde mich freuen, wenn Sie mich zu einem persönlichen Gespräch einladen.

Mit freundlichen Grüßen

Susanne Kellner

Beilagen
Lebenslauf
Kopie des Semesterzeugnisses

Bewerbungsschreiben an ein Unternehmen/eine Firma verfassen!
Die Stellenangebote in den Zeitungen dazu heranziehen!

Einem Bewerbungsschreiben muss immer ein **Lebenslauf** beigelegt werden!

Auch der Lebenslauf kann mit der Hand oder mit dem PC geschrieben werden. Manche Firmen verlangen einen **handgeschriebenen Lebenslauf!**
Der Lebenslauf enthält in Kürze alles Wesentliche über dein Leben. Vermeide Ausschmückungen! Den Empfänger interessieren nur Tatsachen. Fehler und Streichungen dürfen in einem Lebenslauf nicht vorkommen.

Achtung: Lebenslauf und Bewerbungsschreiben zuerst aufsetzen und dann erst in Reinschrift übertragen!

Der Lebenslauf wird entweder als Kurzbericht oder in Stichwörtern abgefasst. Gebräuchlicher ist ein stichwortartiger Lebenslauf.

Zum Beispiel:

Thomas Reiter
Anzbachgasse 33 *Wien, 3. Mai 20 . .*
1140 Wien
Tel. 0834/7291562

Lebenslauf

Ich wurde am 3. Oktober 19.. in Wien geboren und bin österreichischer Staatsbürger. Meine Mutter, Monika Reiter, arbeitet als Verkäuferin in einem Lederwarengeschäft. Mein Vater, Hans Reiter, ist als Elektrotechniker bei der Firma XY beschäftigt.

Von 20.. bis 20.. besuchte ich die Volksschule Mondweg in 1140 Wien. 20.. bis 20.. war ich Schüler am BRG Schmelz, 1150 Wien (1. bis 4. Klasse). Derzeit besuche ich die 5. Klasse am BORG Hegelgasse 12, 1010 Wien.

In meiner Freizeit beschäftige ich mich am liebsten mit technischen Problemen aller Art.

Bereits in der Unterstufe hatte ich den Wunsch Automechaniker zu werden. Das große Interesse an diesem Beruf ist durch mein handwerkliches Geschick und die Vorliebe für die Lösung technischer Probleme entstanden.

Thomas Reiter

Derselbe Lebenslauf in Stichworten:

Thomas Reiter
Anzbachgasse 33 — *Wien, 3. Mai 20 . .*
1140 Wien
Tel. 0834/7291562

Lebenslauf

Vor- und Zuname: Thomas Reiter
Geburtsdatum: 3. Oktober 19..
Geburtsort: Wien

Name und Beruf der Eltern: Hans Reiter, Elektrotechniker
Monika Reiter, Verkäuferin
Staatsbürgerschaft: Österreich
Schulbildung: Volksschule Mondweg in 1140 Wien von 20.. bis 20..
BRG Schmelz, 1150 Wien, von 20.. bis 20..
Derzeit 5. Klasse am BORG 1010 Wien, Hegelgasse 12.
Besondere Interessen: Beschäftigung mit technischen Problemen aller Art
Berufswunsch: Automechaniker

Thomas Reiter

Den eigenen Lebenslauf zuerst in der Langform und dann in Stichwörtern schreiben!
Den Lebenslauf der Geschwister, eines Freundes, einer Freundin ... schreiben!

Inzwischen haben die Roboter selbst Bewerbungsschreiben und Lebensläufe entworfen, obwohl sie davon gar nicht betroffen sind. Denn die zukünftigen Aufgaben der Roboter werden bereits während ihrer Entstehung festgelegt.

Hier das Beispiel eines Bewerbungsschreibens:

Robert Robotnigg
Merkurweg 3 — *Passfoto*
2863 Alpha City
Tel. XAZ23/555444333

An die
Intergalaktische Raumgleiter-AG — *Alpha City, 28. Juni 3500*
Personalabteilung
z. Hd. Frau Isabella Stellaris
Milchstraße 45
1234 Pferdekopfnebel

Bewerbung um eine Lehrstelle

Sehr geehrte Frau Stellaris!

Ich möchte mich um eine Stelle als Lehrling für Raumgleiter-Elektronik in Ihrer Firma bewerben. Derzeit absolviere ich einen Kurs für künstliche Intelligenz und beende in diesem Lichtjahr die Schulpflicht für Roboter.
Da ich allein schon auf Grund meiner Herkunft technisch interessiert und handwerklich geschickt bin, hatte ich bereits im Moment meiner Entstehung den Wunsch, Elektrotechniker für Raumgleiter zu werden.
Außerdem möchte ich betonen, dass ich ein sehr pflegeleichter und problemloser Roboter bin. Es wird mir eine Freude sein, in Ihrer Firma zu arbeiten, und es würde mich freuen, wenn Sie mich zu einem persönlichen Gespräch einladen.

Hochachtungsvoll

Robert Robotnigg

Beilagen:
Lebenslauf
Kopie des Jahrgangszeugnisses

Und nun der Lebenslauf:

Robert Robotnigg — *Alpha City, 28. Juni 3500*
Merkurweg 3
2863 Alpha City
Tel. XAZ23/555444333

Lebenslauf

Ich wurde am 26. August 3221 in der Roboterfabrik auf dem Mars geboren und bin intergalaktischer Weltbürger. Meine Mutter wurde auf dem Fließband Nr. 12 von anderen Robotern zusammengeschraubt, mein Vater ist ein mir unbekannter Roboter-Konstrukteur. Schon während meiner Entstehung wurde mir alles Wissenswerte einprogrammiert. Derzeit besuche ich einen weiterführenden Kurs für künstliche Intelligenz.
Ich habe zahlreiche Geschwister, die alle fast gleichzeitig mit mir die Fließbänder verließen und für die verschiedensten Aufgaben programmiert wurden.
In meiner Freizeit beschäftige ich mich am liebsten mit der Kulturgeschichte der Roboter. Bereits während meine ersten Schrauben und Muttern auf dem Fließband zusammengefügt wurden, hatte ich den Wunsch, Elektroniker für Raumgleiter zu werden. Das große Interesse an diesem Beruf entstand durch die Art meiner Programmierung. Mein mir unbekannter Vater sorgte dafür, dass ich ein technisch sehr interessierter und handwerklich äußerst begabter Roboter wurde.

Robert Robotnigg

Mit der Niederschrift dieses Lebenslaufes, den sich die Sprachgelehrten als Andenken behalten, endet die Arbeit der Sprachroboter auf unserer Erde. Im Weltraumbahnhof Salzburg wartet ein Sonderfahrzeug der „Trazom-Airways" auf sie, das die stählernen Denkmaschinen unter allen nur möglichen Sicherheitsvorkehrungen in die Zentrale der USO bringen wird. Die Weltraumbehörde will kein Risiko bei der Beförderung der Roboter eingehen. Eine Spezialeskorte bestens ausgebildeter Robocops wird den Spacebus mit seiner kostbaren Fracht begleiten. Einige Piloten der USO-Truppen werden das Raumfahrzeug in pfeilschnellen Einsatzgleitern eskortieren, um eventuelle Sprachräuber abzuschrecken.
Unter ungeheurem Lärm erhebt sich das Geschwader in die Luft und jagt davon. „Auf Wiedersehen in tausend Jahren!", schreien die irdischen Klone, die an ihr ewiges Erdendasein glauben. Aber ihr Rufen und Winken geht in dem allgemeinen Lärm unter.

TRAZOM ... ENDE ... MOZART

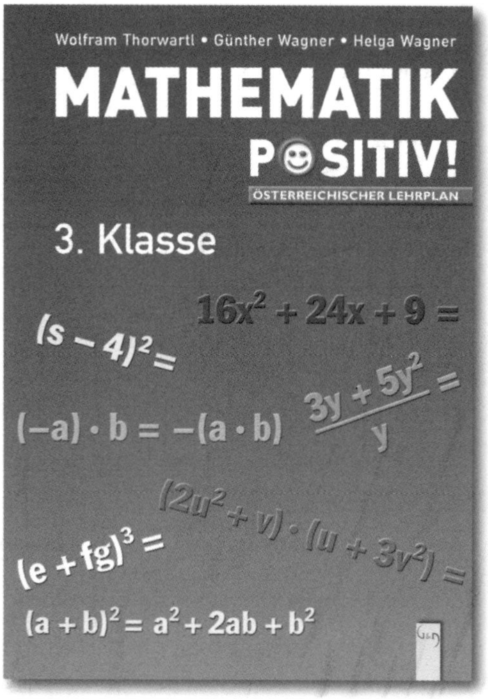

Wolfram Thorwartl, Günther Wagner,
Helga Wagner

Mathematik positiv! 3. Klasse

192 Seiten, ISBN 978-3-7074-0951-2

- Deckt den gesamten Lernstoff der 3. Klasse HS/AHS
- Vollständig durchgerechnete Musterbeispiele
- Hilft, mathematische Zusammenhänge zu analysieren, Lösungsmethoden zu erkennen und diese anzuwenden.
- Alle Übungen dieses Buches sind in Mathematik positiv! 3 Lösungen (ISBN 978-3-7074-0952-9) vollständig durchgerechnet und mit zahlreichen Anleitungen versehen

Wolfram Thorwartl, Günther Wagner,
Helga Wagner

Mathematik positiv! 4. Klasse

192 Seiten, ISBN 978-3-7074-0953-6

- Deckt den gesamten Lernstoff der 4. Klasse HS/AHS
- Vollständig durchgerechnete Musterbeispiele
- Hilft, mathematische Zusammenhänge zu analysieren, Lösungsmethoden zu erkennen und diese anzuwenden.
- Alle Übungen dieses Buches sind in Mathematik positiv! 4 Lösungen (ISBN 978-3-7074-0954-3) vollständig durchgerechnet und mit zahlreichen Anleitungen versehen